Lendembe Essie

Histoire Royale

Lendembe Essie

Histoire Royale

L'Importance de l'Alliance

Éditions Croix du Salut

Impressum / Mentions légales
Bibliografische Information der Deutschen Nationalbibliothek: Die Deutsche Nationalbibliothek verzeichnet diese Publikation in der Deutschen Nationalbibliografie; detaillierte bibliografische Daten sind im Internet über http://dnb.d-nb.de abrufbar.
Alle in diesem Buch genannten Marken und Produktnamen unterliegen warenzeichen-, marken- oder patentrechtlichem Schutz bzw. sind Warenzeichen oder eingetragene Warenzeichen der jeweiligen Inhaber. Die Wiedergabe von Marken, Produktnamen, Gebrauchsnamen, Handelsnamen, Warenbezeichnungen u.s.w. in diesem Werk berechtigt auch ohne besondere Kennzeichnung nicht zu der Annahme, dass solche Namen im Sinne der Warenzeichen- und Markenschutzgesetzgebung als frei zu betrachten wären und daher von jedermann benutzt werden dürften.

Information bibliographique publiée par la Deutsche Nationalbibliothek: La Deutsche Nationalbibliothek inscrit cette publication à la Deutsche Nationalbibliografie; des données bibliographiques détaillées sont disponibles sur internet à l'adresse http://dnb.d-nb.de.
Toutes marques et noms de produits mentionnés dans ce livre demeurent sous la protection des marques, des marques déposées et des brevets, et sont des marques ou des marques déposées de leurs détenteurs respectifs. L'utilisation des marques, noms de produits, noms communs, noms commerciaux, descriptions de produits, etc, même sans qu'ils soient mentionnés de façon particulière dans ce livre ne signifie en aucune façon que ces noms peuvent être utilisés sans restriction à l'égard de la législation pour la protection des marques et des marques déposées et pourraient donc être utilisés par quiconque.

Coverbild / Photo de couverture: www.ingimage.com

Verlag / Editeur:
Éditions Croix du Salut
ist ein Imprint der / est une marque déposée de
OmniScriptum GmbH & Co. KG
Heinrich-Böcking-Str. 6-8, 66121 Saarbrücken, Deutschland / Allemagne
Email: info@editions-croix.com

Herstellung: siehe letzte Seite /
Impression: voir la dernière page
ISBN: 978-3-8416-9896-4

Copyright / Droit d'auteur © 2013 OmniScriptum GmbH & Co. KG
Alle Rechte vorbehalten. / Tous droits réservés. Saarbrücken 2013

HISTOIRE ROYALE

(L'IMPORTANCE DE L'ALLIANCE)

Par l'Apôtre LENDEMDE ESSIE

© Janvier 2014 Mission internationale Jésus-Christ Revient Bientôt

Tous droits réservés.

Toute reproduction intégrale ou partielle est interdite sauf autorisation de l'auteur.

Toutes les références sont tirées de la version Louis Second sauf indication contraire.

Eglise Arche du Salut

Benimeld_power@yahoo.fr

Tel : 0024107745049/06938916

PUBLICATIONS DU MEME AUTEUR

- Sacrifié Trois Fois Pour Tout Accomplir. ISBN : 978-3-8416-9882-7
  Lien d'achat : www.morebooks.fr

- Trois Dimensions Pour Être Surnaturel. ISBN : 978-3-8416-9894-0

Lien d'achat : www.morebooks.fr

REMERCIEMENTS

- Au révérend **Docteur Crépin Eyoumbou**, père dans la foi qui a contribué à ma formation, que le Dieu du ciel vous comble davantage.

- Au révérend **Sony Kafuta Rock Man** de l'Armée de l'Eternel, qui a contribué à l'édification de ma foi, et ma formation, par les messages, actions des medias ; que le tout puissant vous en récompense.

- A l'Apôtre Jean Mabiala, grand Père dans la foi, patriarche dans le Corps de Christ du Congo Brazzaville. Merci d'avoir confirmé mon ministère Apostolique devant Dieu et les hommes.

- A l'Apôtre Franck IBARA, père dans la foi qui a impacté ma vie, dans le domaine de la mission, que Dieu vous bénisse.

- Au Complexe JCRB VISION et RAFEV pour leur lutte dans le combat spirituel et l'avancement du Corps de Christ.

- A l'Eglise Arche du Salut pour son soutien à la sortie de ce livre d'enseignement et de révélation spirituel, que Dieu vous bénisse.

- Au Docteur Alban Kanofa, serviteur infatigable dans la mission Arche du Salut, que le Seigneur vous récompense.

- A ma femme et mes merveilleux enfants, que Dieu vous garde et que cette héritage vous soit utile.

- A toute ma famille pour leur soutien multiforme à l'avancement de l'œuvre du Seigneur.

- Aux partenaires que je ne peux citer ici, mais qui ont soutenu la publication de cette richesse chrétienne, que le Seigneur multiplie vos avoirs.

Table des matières

PREAMBULE 7
INTRODUCTION 11
Chapitre I : L'ALLIANCE ENTRE DAVID ET JONATHAN 13
1 LA VIE DE DAVID 15
2 Les Qualités qui Forgent notre Destinée 16
3 LA VIE DE JONATHAN 19
4 Le Mystère caché de l'Alliance et sa portée spirituelle 25
Chapitre II- DU TRONE A LA POUSSIERE 32
1 Le Principe de l'obéissance 33
a)-L'obéissance naturelle 33
b)- L'obéissance spirituelle 35
2 LA DESOBEISSANCE DANS LA VIE DU ROI SAÜL 36
a)- Les Conséquences d'une vie de désobéissance à Dieu 38
b)-Etre victime des iniquités de nos Parents 41
c)- ASPECT PRATIQUE ET PRIERE DE DELIVRANCE 45
CHAPITRE III- DIEU SUSCITE ET PLACE UN HOMME AU TRONE 48
1 COMMENT FAIRE POUR S'ASSEOIR AU TRONE AVEC LES GRANDS 50
2 LES CRITERES DE L'ELEVATION OU DU SUCCES SELON DIEU 53
2-1- LA PREPARATION 55
2-2- LA NOTION DE RELATION ET DE COMMUNION 56
CHAPITRE IV – LE RESCAPE DE LA MORT 60
CHAPITRE V– DE L'HUMILIATION A LA GLOIRE 65
1 LE PLAN DE L'AMOUR DE DIEU 65

2LA RESTITUTION..67
3MON TEMOIGNAGE : DISPARU TROIS FOIS DANS LE VENTRE DE MA MERE...69
CONCLUSION 74
Proclamations..76

PREAMBULE

Ce livre présente un message de fortification de la foi, de réconfort, d'espoir et de fidélité envers Dieu. Il concerne tous ceux qui traversent des moments difficiles dans leur vie, tous ceux qui vivent des temps de désert, d'épreuves, du rejet et de peur car il va changer leur statut afin qu'elles ne soient plus les mêmes personnes. Notre vie sur terre est souvent influencée par des circonstances négatives. Mais celles-ci cachent des opportunités de bénédiction et d'élévation qui finissent par se manifester et s'accomplir au temps fixé par le créateur de notre existence. La bible déclare : « **car c'est une prophétie dont le temps est déjà fixé, elle marche vers son terme, et elle ne mentira pas ; si elle tarde, attends-la car elle s'accomplira certainement.** » **(HABACUC 2 :3).** La vie de l'homme a une destinée prophétique, dont le temps de la gloire est fixé par Dieu. Les difficultés de la vie ne peuvent pas abolir le plan d'amour de Dieu. Par son amour, Dieu nous a rendus participants de la vie de Jésus Christ en héritant de toutes les promesses de Dieu par la foi en Christ. « **Car nous sommes devenus participants de christ, pourvu que nous retenions fermement jusqu'à la fin, l'assurance que nous avions au commencement** » **(Hébreux 3 :14).**

Chers lecteurs, Nous avons été créés dans l'amour infini de Dieu. A cet titre, chacun de nous doit avoir la ferme assurance que quelque soit le degré de souffrance qu'un homme vit, l'amour de Dieu finit toujours par se révéler à lui, dit Paul : « **car j'ai l'assurance que ni la mort ni la vie ni les anges ,ni les choses présentes, ni les choses à venir ,ni les puissances, ni la hauteur, ni la profondeur, ni aucune créature ne pourra nous séparer de l'amour de Dieu manifesté en Jésus Christ notre seigneur** »**(Romain 8 : 38-39).**

- Vous est-il peut être arrivé dans votre vie de traverser des difficultés énormes ?

- Avez-vous été rejeté par les hommes ?

- Votre santé a-t-elle été secouée par des maladies défiant tout traitement ?

- La vie vous a-t-elle fermé ses portes ?

- La pensée du suicide vous a-t-elle traversé ?

- Où vous vous êtes plongés dans le désespoir total sans aucun secours à vos côtés ?

- Où votre ministère a connu la traversée la plus sombre de son histoire ?

- Où les problèmes vous ont assiégés jusqu'à vouloir la mort ?

Mais, malgré tout cela vous avez tenu bon ! C'est bien, car il y a de l'espoir révélé pour vous, il y a une solution : c'est Jésus Christ, le Seigneur des Seigneurs et notre Sauveur. Lorsque le peuple d'Israël s'est trouvé dans la menace de mort face aux égyptiens, Dieu s'est révélé au peuple pour leur dire : « **ne craignez rien, restez en place, et regardez la délivrance que l'Eternel va vous accorder en ce jour ; car les égyptiens que vous voyez aujourd'hui, vous ne les verrez plus jamais. L'Eternel combattra pour vous ; et vous, gardez le silence** » (Exode 14 :13-14). Il y a le Dieu de bonté qui désire nous faire du bien lorsque nous sommes en difficulté. La bonté de l'Eternel dure à jamais pour ceux qui le craignent et sa miséricorde pour les enfants de leurs enfants. Comme un père a compassion de ses enfants, ainsi l'Eternel a compassion de ceux qui le craignent **(Psaumes 103 :13 et 17)**.

Si nous comptons sur le secours de Dieu, notre vie prendra un autre sens et la gloire de Dieu se révélera sur notre chemin. Ainsi chers lecteurs, si vous êtes dans cette situation, ce livre a été inspiré par la grâce du Seigneur Jésus Christ, pour vous apporter des solutions ; ce, en vous donnant une nouvelle énergie vitale et de l'espérance pour que vous puissiez marchez avec audace, assurance dans cette vie. C'est ainsi que vous pourrez aspirer aux bénédictions que Dieu vous a promises au travers d'une union avec Christ. Découvrez tout simplement l'histoire qui vous est relatée dans ce livre et ayez foi en Dieu. Il vous délivrera des tribulations dans lesquelles vous vous débattez. Vous grandirez au point de devenir à votre tour, une personne qui influencera votre famille, votre nation et voir même l'humanité entière si vous vous laissez conduire sans opposer de résistance à l'action de Christ en vous.

L'auteur que je suis, veut vous faire comprendre qu'il existe un décret céleste à votre sujet qui contient votre histoire. Votre vie a été créée par Dieu et vous existez par un décret du ciel, arrêté selon le sceau et la souveraineté de Dieu. Ce décret est en action pour vous retrouver sur la terre afin de vous bénir. C'est ce que j'appelle dans ce contexte « **HISTOIRE ROYALE** ».

La parole de Dieu enseigne que Dieu n'a pas formé des projets de malheur pour nous, mais plutôt des projets de paix et de bonheur (**Jérémie 29 :11**), C'est un décret d'une vie de bonheur, de prospérité, de gloire qui existe pour tout homme qui entre dans la volonté de Dieu, scellée dans le livre de vie de Dieu à votre égard. **Esaïe 46 :10 déclare à ce sujet : « J'annonce dès le commencement ce qui doit arriver, et longtemps à l'avance ce qui n'est pas encore accompli ; je dis mes arrêts (décrets) subsisteront, et j'exécuterai toute ma volonté »**. Vous qui souffrez, qui croyez être rejeté, sachez qu'il existe un arrêté divin depuis le ciel, qui est à votre recherche sur la terre pour que vous deveniez non ce que vous pensez, mais plutôt ce que Dieu dit que vous serez. C'est pourquoi, je vous prie de vous tourner vers le Christ en qui vous avez été prédestinés à être enfant de Dieu **(Ephésiens 1 :5-6).**

INTRODUCTION

Le message de ce livre s'appuie sur une histoire de la Bible qui parle des personnages ayant fait l'histoire royale et spirituelle du peuple de Dieu (Israël): le roi Saül, le prince Jonathan, Mephiboscheth et David le second roi. En effet, le roi Saül régnait dans la gloire, exerçant son autorité sur toute vie en Israël. Il était rempli de toutes sortes de richesses. Malgré cela, il s'est illustré par un comportement orgueilleux, qui le conduisit à la désobéissance envers son créateur. Cela lui valut le rejet et la perte de sa vie, ainsi que celle de plusieurs membres de sa famille.

1 Samuel 15 :10-11 révèle que : « **l'Eternel adressa la parole à Samuel et lui dit : je me repends d'avoir établi Saül pour roi, car il se détourne de moi et il n'observe point mes paroles** ». Mais pendant cette épuration de la famille royale, il y eut un rescapé ; le petit fils du roi Saül, nommé Mephiboscheth. La grâce de l'Eternel était sur lui à cause de son innocence face au péché de Saül et de l'alliance faite par son père. En effet, Il n'était âgé que de cinq(5) années lorsque cette tragédie se produisit. Pendant la fuite, sa nourrice tomba avec lui et, il devint perclus des deux jambes depuis ce jour là (2 Samuel 4 :4).

La bible précise son âge cinq ans ; ce qui symbolise la grâce divine dans sa vie. Dieu sachant ce qui devait arriver à cette famille, attendit que le symbole de la grâce soit manifesté, afin que cet enfant soit épargné du jugement de Dieu. Peut-on croire à un hasard dans la vie de cet enfant ? Non ! Car il n'y a pas de hasard avec Dieu si ce n'est la manifestation de sa providence divine. Prince qu'il était, après la mort de son grand père et de son père, il vécut dans la misère, la souffrance, comme s'il n'avait jamais connu la table du roi. Il vécut très caché dans la maison de Makir à Lodebar, loin des inspecteurs du pouvoir qui remplaçaient le règne de son grand père. Il demeurait néanmoins, l'unique espoir de sa lignée. S'il avait trouvé la mort au cours de ces terribles moments du passé, toute l'histoire de la vie de son père et du roi Saül son grand père aurait été interrompu à jamais. Le terme « **Lodebar** » signifie « **sans pâture** » et « **Makir** »signifie « **vendu** ». Cela veut dire que ce fils était vendu ou livré à un endroit sans vie, sans ressource. Voici comment était devenue la vie de ce prince. Pouvons-nous dire que cela devait être sa destinée finale ? Non ! Car cela n'était qu'un passage, ou une transition pour l'introduire dans la grâce de Dieu.

Dieu n'abandonne personne, il soutient les malheureux, il est proche de tous ceux qui souffrent et qui comptent sur son secours. Il respecte même les alliances conclues par des hommes. C'est dans cette optique que Mephiboscheth eut grâce devant le roi David, sur la base de son alliance avec Jonathan. Celle-ci le conduisit à se souvenir du sang qu'il portait en lui : « **un sang royal** ».

Chapitre I : L'ALLIANCE ENTRE DAVID ET JONATHAN

Dans ce chapitre, nous aborderons les enseignements qui se dégagent des deux personnages, tant sur le plan spirituel que sur le plan social. Le prince Jonathan, fils du roi Saül, est issu de la tribu de Benjamin. Tandis que David, le fils du berger est issu de la tribu de Juda résidant à Bethlehem.

Dans la vie, tous ceux qui ont un potentiel important et une destinée historique, c'est-à-dire, ceux qui sont appelés à changer l'histoire des hommes, visiterons les palais des rois. Mais qu'est ce qui peut unir un prince à un fils de berger sans instruction si ce n'est finalement le destin ou le plan de vie établi d'avance par Dieu avant la création d'une personne ? Nous devons comprendre que le destin d'un homme est déterminé par ses talents et ses dons. Les talents représentent le potentiel naturel semé dans notre nature par Dieu. Les dons quant à eux représentent le potentiel spirituel ou le pouvoir spirituel que Dieu donne à une personne selon sa grâce pour opérer dans la dimension divine. En effet, le potentiel de quelqu'un détermine son destin.

Dès son jeune âge, David portait en lui le potentiel d'un roi. Il n'a pas cherché à le devenir, car il détenait cette semence royale en lui. Jonathan avait en lui la semence qui le condamnait à être prince. Jean Baptiste a déclaré à cet effet dans **Jean 3 :27 : « un homme ne peut recevoir que ce qui lui a été donné du ciel »**. Ce qui revient à dire que la vie d'un homme dépend de ce que Dieu lui donne comme potentiel ou comme aptitudes. J'aimerais vous faire comprendre, que tout ce que vous êtes appelé à être sur terre est prédestiné par Dieu. Chaque personne peut donc l'expérimenter dans sa vie sur terre. En réalité, si vous êtes destiné à devenir roi,

Dieu permettra que vous passiez un moment dans la maison d'un roi, d'un chef, d'un gouverneur ; ce qui fut le cas de David **(1Samuel 16 :21-23).** L'apôtre Paul est lui aussi passé aux pieds d'un enseignant nommé Gamaliel pour acquérir les aptitudes de transmission nécessaires à un formateur. De même, Joseph séjourna aux pieds d'une autorité nommée Potiphar **(Genèse39:1-5)** pour devenir une autorité, un gouverneur dans le pays d'Egypte.

En clair, si vous êtes appelés à être une grande dame, Dieu vous fera passer aux côtés des grandes dames pour être forgée ; et si vous êtes destinés à être un grand serviteur de Dieu, il mettra sur votre chemin un serviteur de Dieu, afin que de lui, vous appreniez les principes de la grandeur. Voila pourquoi, chacun de nous doit avoir la révélation de ce que Dieu lui a donné, afin de concentrer ses efforts dans le domaine de son destin. A cela, nous déduisons que le potentiel influence nos aptitudes, nos comportements, et nos actions, ainsi que notre vision ! Vous ne pouvez voir dans les songes et visions que ce qui fait l'objet de votre destin. Si Joseph avait vu le soleil, la lune et les étoiles se prosterner devant lui, cela n'était rien d'autre que la vision de son destin, car il voyait ce qui lui avait été donné d'être sur la terre d'après le décret du ciel **(Genese37 :5-10).**

Chers frères et sœurs, que voyez-vous souvent dans vos songes ou dans vos visions ? Dès à présent, commencez à examiner vos songes, vos visions, vos actions, vos aspirations : cela détermine ce que vous êtes réellement. Personne sur cette terre ne peut vous empêcher de devenir ce que vous êtes, à l'exception de vous-même. Cela n'est possible qu'en Christ-Jésus, et sans Christ dans notre vie, notre destin sera contrôlé par les forces sataniques. Ainsi, la vie de David et de Jonathan sont une question de destin et non l'objet d'une science, d'une religion ou d'une philosophie. L'étude sur la vie de ces personnages bibliques nous permet de comprendre le fonctionnement de la volonté divine à l'égard de chacun de nous.

1   LA VIE DE DAVID

Le nom de David signifie « **bien-aimé** », son nom déterminait son identité. De par son nom, il était appelé à être célèbre, aimé de tous. Ainsi, tout ce qu'il possédait comme potentiel devait lui procurer la renommée. Il était originaire de Bethlehem qui signifie « **la maison du pain** », et Juda signifie « **louange** ». De par ses origines, David incarnait la maison du pain, ou le royaume du pain de vie. Considérant sa tribu, il incarnait la royauté, tout cela réunis en David, préfiguraient Jésus Christ. David grandit sans éducation scolaire profonde, passant ainsi, la plupart de son temps en brousse, à paître le troupeau de son père. Il était engagé à exécuter le travail qui lui était confié. Cela illustre combien David était obéissant envers son père ; car l'obéissance aux parents était de rigueur en cette époque de la loi. Pendant que d'autres enfants d'Israël allaient se faire instruire pour être enrôlés dans l'armée, David le plus jeune, s'est vu confié la tâche de prendre soin des brebis en brousse.

Cette responsabilité lui enleva la possibilité de réussir par l'école. Ainsi, il va concentrer ses talents dans le domaine de l'élevage des brebis. Il appliqua tout son cœur à aimer ce qu'il faisait comme travail, et il le faisait avec un cœur plein d'amour et de zèle, comme travaillant pour le Seigneur. **Colossiens3:23-24** déclare : « **Que tout ce que vous faites, faites le de bon cœur, comme pour le Seigneur et non pour les hommes. Sachant que vous recevrez du seigneur l'héritage pour récompense. Servez christ le seigneur** ». Cette attitude emmena David à cultiver le caractère d'un bon berger : celui qui est capable de donner sa vie pour ses brebis. **Jean10:10-11** dit : « **le voleur ne vient que pour dérober, égorger et détruire ; moi, je suis venu afin que les brebis aient la vie, et qu'elles soient dans l'abondance. Je suis le bon berger. Le bon berger donne sa vie pour ses brebis** ».

2   Les Qualités qui Forgent notre Destinée

David avait des qualités qui dépassaient toute compréhension humaine. En effet, il était habitué à la forêt, aux moustiques, aux bêtes sauvages, au bruit et au silence de la brousse ainsi qu'à d'autres intempéries. Il est ainsi devenu le gardien défenseur des biens de son Père. Courageux et audacieux qu'il était, David devint le choix préférentiel de Dieu. Le travail de berger lui permit de cultiver le caractère qui lui valut d'être roi selon le cœur de Dieu. A cet effet, **1 Samuel 16:1** révèle que : **« l'Eternel dit à Samuel : quand cesseras tu de pleurer sur Saül ? Je l'ai rejeté, afin qu'il ne règne plus sur Israël. Remplis ta corne d'huile, et va ; je t'enverrai chez Isaï, Bethléhémite, car j'ai vu parmi ses fils celui que je désire pour roi »**.

Cependant, L'Eternel était à la recherche d'un remplaçant du roi Saül. Mais, personne dans la cour du roi, pas même les fils de Saül, ne furent trouvés dignes de succéder au trône d'Israël ; parce qu'ils ne répondaient pas aux critères de choix de Dieu. Contre toute attente, Dieu va arrêter l'intercession de son prophète, pour lui annoncer qu'il avait déjà trouvé un remplaçant ! De surcroit, un garçon sans aucune expérience de l'armée, ni instruction ; un simple berger ! Dans cette histoire, nous découvrons que l'homme a son choix et que Dieu aussi en a un, mais qui ne coïncide pas toujours avec celui formulé par l'homme.

Chers lecteurs, quelle folie pour Dieu d'aller prendre celui qui doit présider à la destinée de toute une nation au milieu de la brousse penserez-vous ! Gloire soit rendue à Dieu, car sa folie est plus sage que la sagesse des hommes (**1corinthiens 1 :25**). En vérité, ce que Dieu suit dans un homme est la qualité du cœur. Ainsi, il faut comprendre que Dieu donne du travail ou une mission à ses enfants en fonction de la qualité du cœur ou des caractères cultivés pendant vos expériences passées.

Tous les croyants doivent comprendre que toutes les responsabilités qui viennent de Dieu dépendent des vertus (ou caractères) acquises dans le monde et dans notre marche avec Jésus. Je tiens à signifier quelque chose : si les chrétiens rencontrent des difficultés dans les différents domaines de leur vie, c'est en réalité parce qu'ils n'ont pas encore forgé leur caractère.

Selon Dieu, le caractère ou la bonne disposition du cœur, dépasse les diplômes scolaires et universitaires. Il différencie la capacité à assumer une responsabilité et le caractère du cœur ou la personnalité (**1timothée 4 :8**). En effet, l'expérience de David et sa crainte de l'Eternel le conduisirent plus tard à relever un défi qui sera son point d'explosion vers la gloire. Alors, son succès va marquer la royauté de Saül et de toute la contrée environnante. David alors devint une référence pour la jeunesse de son époque. En vérité, dans la vie de cet homme de victoire se cachait un secret. David basait sa force sur deux choses :

1- Il se connaissait et connaissait exactement ce que Dieu avait déposé en lui, agissant en fonction de son potentiel.

2- Il connaissait Dieu et comptait sur sa puissance, son aide, et agissait pour l'honorer (Psaumes 27 :1-3).

David agissait en fonction de ce qu'il croyait être selon Dieu et en fonction de ce que Dieu est. Ce principe est le secret de la réussite. Le Seigneur Jésus-Christ a agit de la même manière (jean 8 :28). La renommée de David va conduire Jonathan, fils du roi Saül à établir une alliance avec lui. **1Samuel18:1-3 déclare : « David avait achevé de parler à Saül, et dès lors l'âme de Jonathan fut attachée à l'âme de David, et Jonathan l'aima comme son âme ce même jour Saül retint David, et ne le laissa pas retourner dans la maison de son père. Jonathan fit alliance avec David, parce qu'il l'aimait comme son âme ».**

Voici les leçons à tirer de ce grand homme, David qui était la préfiguration de Christ :

- Il comptait sur l'aide et la puissance de Dieu,
- Il reconnaissait la grandeur de Dieu dans ses capacités,
- Il avait la crainte de Dieu et de l'amour en lui,
- Il était prêt à donner sa vie pour les autres (sacrifice),
- Il était humble et servait sans intérêt,
- Il était fort et audacieux,
- Il avait une foi objective (Dieu et sa parole),
- Il faisait tout pour la gloire de Dieu.

Dans la vie, il ne faut jamais se décourager, même lorsque tout espoir semble perdu à vos yeux. Mais, si vous avez un potentiel important et si vous le valorisez à bon escient en servant Dieu, vous serez une marque, une personne élevée au temps voulu par Dieu. *1 Samuel 2 :7-8 dit :* **« l'Eternel appauvrit et il enrichit, il abaisse et il élève. De la poussière il retire le pauvre, du fumier il relève l'indigent, pour les faire asseoir avec les grands, et il leur donne en partage un trône de gloire ; car à l'Eternel sont les colonne de la terre, et c'est sur elles qu'il a posé le monde »**.

Lorsqu' un homme se met au service de Dieu, cet homme devient un instrument pour le bien-être de l'humanité. Chers lecteurs, vous devez comprendre que ce qui est en vous peut vous mener vers les sommets si et seulement si vous vous mettez au travail, car rien n'est impossible à celui qui croit. Comment comprendre que des généraux de l'armée israélite et toute une armée ne parviennent pas à remporter la victoire contre un seul homme, fut-il de grande taille ? Cela ne garantissait pas une victoire de sa part contre des milliers de personnes, et surtout contre un Dieu ! Dieu a créé un concours de circonstances négatives afin qu'un enfant vienne donner la victoire et rétablir l'honneur du grand Dieu. Dieu peut faire avec vous les exploits qu'il a manifestés en la personne de David ! Commencez à croire en vous-même et agissez. Il existe deux types de responsabilités dans notre vie : la responsabilité humaine (la part de l'homme) et la responsabilité divine (la part de Dieu). Le(s) don(s) et les talents que vous possédez et que vous forgez, peuvent vous unir à n'importe quel grand de ce monde pour votre élévation. Le don est une richesse qui vous nourrira de génération en génération, si vous respectez les clauses avec le Seigneur.

3   LA VIE DE JONATHAN

Saül était roi en Israël, il exerçait de l'autorité et une domination sur son peuple, rempli de richesses abondantes. Mais de ce grand homme historique naquit un fils dont le caractère le différencie totalement de son père. En effet, le nom de Jonathan signifie « **l'Eternel a donné** ». Son nom influençait son identité et son caractère, car il était un don de Dieu. Il a beaucoup marqué le règne de son père et il brillait par des actes de bienveillance envers David le berger. Contrairement à Saül (le roi qui haïssait David), Jonathan était reconnaissant envers David. Il voyait en David un homme plein d'avenir. Jonathan savait lire la destinée de David. Voilà pourquoi, il s'attacha à la personne de David qui incarnait déjà à son époque le succès de tout le peuple et la royauté. Il fut aussi un homme prudent et prévoyant au point de protéger sa vie et celle de sa descendance en concluant une alliance avec David. Par sa nature, Jonathan était un homme responsable et son amitié avec David témoigne de la simplicité qui habitait son cœur étant fils d'un roi.

Plusieurs fois, Saül a tenté de tuer David, mais Jonathan a toujours été là pour lui témoigner sa bienveillance en prenant souvent le risque d'assurer sa défense devant le roi. **1 Samuel 19:4-6** dit à cet effet: « **Jonathan parla favorablement de David à Saül, son père : que le roi, dit-il ne commette pas un péché à l'égard de son serviteur David, car il n'en a point commis envers toi. Au contraire, il a agi pour ton bien ; il a exposé sa vie, il a tué le philistin, et l'Eternel a opéré une grande délivrance pour tout Israël. Tu l'as vu, et t'en es réjoui. Pourquoi pécherais-tu contre le sang innocent, et ferais-tu sans raison mourir David ? Saül écouta la voix de Jonathan, et il jura, disant : l'Eternel est vivant ! David ne mourra pas** ».

La parole du Seigneur nous enseigne d'être en paix avec tous, comme le dit **Hébreux 12 : 14**. Un homme qui veut aller loin doit savoir comment entretenir ses relations, y prendre soin. Peu importe les différentes origines, la classe sociale, ce qui est important, c'est de marcher avec des hommes qui craignent Dieu et qui disposent d'un potentiel énorme pour l'avenir. Vous devez comprendre que celui qui a des amis forts, sera aussi fort. Quels genres de personnes fréquentez-vous ? N'acceptez jamais de marcher avec des personnes qui ne projettent que le mal chaque jour de leur vie **(psaume1 :1-3)**. Jonathan ne regardait pas David comme un pauvre garçon ou encore un simple guerrier.

Mais, il voyait plutôt toute la valeur humaine remplie en lui. Il le voyait comme Dieu voit chacun de nous. Vous avez de la valeur aux yeux de Dieu, même si au regard des hommes vous ne paraissez rien, même si vous êtes déconsidérés, sachez que Dieu vous aime. Jonathan avait une vision de l'aigle, c'est-à-dire qu'il n'était pas limité par ses richesses, encore moins par sa position sociale… Mais il savait que le règne de leur famille devait prendre fin un jour et que son ami avait la carrure pour accéder au trône. Aucune créature de Dieu n'est venue au monde pour échouer. Nous avons tous été créés à l'image et à la ressemblance de Dieu, et par conséquent, nous sommes tous dotés d'énormes potentialités de réussites, de victoire et de gloire. Tout cela s'accomplit dans l'espace et dans le temps selon la saison qui nous est fixée par Dieu.

Chers lecteurs, ne méprisez et ne minimisez aucune créature de Dieu, car chaque individu est venu sur terre avec le mandat de changer son histoire et celle du monde. Ainsi frères et sœurs, soyons comme Jonathan, et apprenons à collaborer avec des personnes de conditions sociales différentes. Chacun dans sa vie récoltera ce qu'il aura semé. D'une manière ou d'une autre vous récolterez ce que vous avez fait devant le Maître, sans oublier que le mal commis par un homme peut affecter sa descendance et s'étendre sur les générations futures de sa lignée.

Beaucoup de personne sont victimes des iniquités de leurs parents et subissent innocemment le fardeau de leurs péchés. **Ezéchiel 18 :2 dit : « pourquoi dites-vous ce proverbe dans le pays d'Israël : les pères ont mangé des raisins verts, et les dents des enfants en ont été agacées ? »**. Il y a une bénédiction attachée aux enfants d'un homme qui pratique le bien sur la terre **(psaumes112 :1-3)**.

Mephiboscheth fut le bénéficiaire du bien que son père fit à David durant sa vie terrestre. La semence de Jonathan devenait la cause ou la source du bonheur de quelqu'un que le roi David recherchait activement. Il y avait là un avis de recherche à l'endroit d'une personne qui était liée par l'alliance. Mephiboscheth était destiné à entrer dans la gloire, à revenir dans l'histoire des rois, à cause de son père qui avait conclu une alliance pour l'avenir. L'alliance est le fondement de notre existence, elle parle, elle se manifeste, elle demeure vivante… Mephiboscheth était caché, si bien qu'il se trouvait dans un lieu voué à la misère. Mais à cause de ce que Jonathan avait semé sur la « terre de David » et de son bon caractère, la destinée de son fils Mephiboscheth prit une direction de gloire plus tard. Mephiboscheth ne s'attendait peut-être pas à un tel jour de gloire dans sa vie, après tout ce qu'il venait de vivre.

Cela ne fut que le résultat de ce que son père avait semé pour l'avenir. Il était rejeté, perclus des deux jambes et vivant dans la misère. Mais, par la grâce du Seigneur il est devenu résident permanent du palais royal.

Galates 6 :7 dit : « **ne vous y trompez pas : on ne se moque pas de Dieu. Ce qu'un homme aura semé, il le moissonnera aussi** ». Oh ! bien aimé, vous qui êtes sans soutien face à vos difficultés et à vos pleurs, je vous en supplie par le nom du Seigneur Jésus-Christ d'arrêter de couler vos larmes, car j'ai une bonne nouvelle pour vous : si vous croyez à l'évangile, votre destinée va changer ! Commencez à inscrire votre nom dans l'histoire des grands de votre famille ou de votre Nation. La Bible déclare qu'il y a un temps pour pleurer et un temps pour se réjouir (**Ecclésiaste 3 :1-4**). De la même manière qu'il existe une saison sèche, il existe une saison de pluie. Un été bien chaud remplace toujours le froid glacial d'un hiver et il en est ainsi du fonctionnement de votre vie.

Voici la bonne nouvelle que je vous apporte : Il y a un homme venant de Dieu qui est venu sur la terre au milieu de tous les hommes faisant du bien à tous et même à Dieu le créateur. Il a semé le bonheur, la paix, les richesses, la puissance et toute bonne chose pour la vie sur la terre et cela dans la vie de toute personne. Ensuite, il fait une alliance avec Dieu et avec tous les hommes. Cette alliance est une alliance de sang, pour son avenir et sa postérité spirituelle (les chrétiens). Dans le livre d'**Ephésiens 1 :3**, la Bible nous montre que cet homme avait fait une alliance de bénédiction avec

Dieu pour son avenir. Mais après cela, il va laisser un testament appelé « **Nouveau Testament** », qui est composé de l'héritage de toute sa famille **(Romains 8 :17)**, cet homme c'est Jésus Christ. Il est l'héritage des déshérités, la guérison des malades, la solution des abandonnés sur la terre.

Maintenant, depuis la mort et la résurrection de notre parent (Jésus-Christ), Dieu le créateur n'est plus tranquille sur son trône de grâce, car l'alliance qu'il a conclu avec Jésus parle déjà et cela tout le temps de notre existence. Depuis le ciel, au trône de Dieu, il y a un avis de recherche qui a été lancé pour vous. En effet, il y a deux mille ans que cet avis de recherches a été émis, parce que vous appartenez à la lignée royale. Vous êtes recherché par le grand Roi, vous appartenez à la famille royale, celle du Maître du ciel et de la terre ; votre décret a été signé et a pris son effet à compter de la résurrection de cet homme Jésus.

De la même manière que David envoya ses serviteurs chercher le reste de la maison de Saül à cause de Jonathan, ainsi Dieu a envoyé ses anges chercher tout le reste des hommes vivant sur terre, à cause de l'alliance de Jésus Christ ! C'est pourquoi chers lecteurs, vous n'avez qu'une seule chose à faire c'est « d'appartenir à Jésus Christ » **(Matthieu 11 :28)**. Alors Jonathan, malgré sa haute position sociale, s'est abaissé pour collaborer avec David, pauvre petit berger et gardien des biens de son père, tout en garantissant sa sécurité et ses intérêts. Jésus Christ a aussi laissé sa haute position de fils unique de Dieu, afin de s'abaissé en se faisant pauvre pour nous enrichir. Il a accepté de coopérer avec tous les hommes tout en garantissant leurs bénédictions. *2 corinthiens 8 :9 déclare :* « **car vous connaissez la grâce de notre Seigneur Jésus Christ, qui pour vous s'est fait pauvre, de riche qu'il était, afin que par sa pauvreté vous fussiez enrichis** ».

Cher frère, chère sœur, dans la vie nous avons des surprises agréables, mais aussi désagréables, il est possible que nous partions du sommet vers le bas ou du bas pour la gloire. En effet, l'histoire de Jonathan et David est une préfiguration des choses à venir que le Fils de l'homme devait venir subir sur la croix, afin de sauver l'humanité de son péché. Grâce soit rendue à Dieu le père pour son amour car aujourd'hui, il n'y a plus ni pauvre, ni faible, ni esclave...en Christ Jésus. **Philippiens 4 :13 dit que « Nous pouvons toute chose par Jésus christ parce qu'il est notre force »**. En Jésus nous possédons la victoire sur n'importe quel combat (***Romains 8 :37***).

Remarque : chers lecteurs, ce livre vous fait comprendre que la restauration, la victoire, la gloire de Dieu ne s'obtiennent pas aisément. Les choses spirituelles s'obtiennent par une vie de prière, de sanctification et de la méditation de la parole de Dieu, il faut un éveil de conscience dans votre personne et cela nécessite des sacrifices :

- Sacrifier votre temps pour la prière et la méditation
- Sacrifier la nourriture pour être en jeûne
- Sacrifier votre sommeil pour vaquer à la prière de combat
- Sacrifier les soucis de ce monde pour gagner Christ
- Sacrifier les pensées négatives pour cultiver les pensées positives de la grandeur, et de l'excellence en Jésus. La vie de sacrifice a changé la destinée de plusieurs personnes : c'est la marche des grands.

4 Le Mystère caché de l'Alliance et sa portée spirituelle

D'une manière générale, une alliance est une entente conclue entre deux partenaires voire plus, qui s'engagent réciproquement l'un envers l'autre ; ce qui les lient, ce sont des principes ou clauses à respecter de part et d'autre. Mais, il est arrivé souvent, que l'homme dans la faiblesse de la chair, ne respecte pas toujours ses engagements. Il a été certes sanctionné, mais pas systématiquement par la voie de la mort. Outre la notion de respect mutuel, l'alliance contient surtout une profonde relation spirituelle. Une alliance est l'expression de la noblesse et de la bienveillance de Dieu. C'est un partenariat gagnant-gagnant. Et, vous conservez votre libre arbitre à tout moment. C'est un espace de liberté non pas effrénée, mais encadrée, pas avec des moyens coercitifs, mais par notre pratique de Dieu, notre profond attachement à ses préceptes ; par notre foi, qui développe notre conscience.

On retrouve aussi l'idée de contrat, de clauses dans le pacte, mais la comparaison peut s'arrêter là. Le pacte est très contraignant et ne laisse pas d'alternative ; il offre un seul chemin et l'issue finale est toujours la mort. Il induit la notion de rapport de force et de violence, de dominant à dominé. Le pacte profite rarement à tous les pactisant de manière égale. La brutalité reste perceptible en permanence. Il n'y a pas de respect pour celui qui pactise, pas de sécurité, pas de liberté. Le rapport de force fait que le plus puissant peut changer les règles à sa guise et il n'y a de solution que la soumission. Il n'y a pas de paix, pas de sécurité. La moindre erreur, le moins oubli vous seront fatals. Pas de notion d'amour, pas de pardon. Le pacte est à ce prix.

Satan aime les pactes. Par ce moyen, il contrôle la vie et la mort des malheureux qui se sont laissés embrigader par ses ruses et ses paroles mielleuses. Et, il est toujours le seul gagnant. Le non respect des termes de l'engagement d'un pacte entraine obligatoirement la mort de l'homme incrédule qui a pactisé avec lui. Le pacte est avilissant car on y perd toute dignité.

Or, Dieu conclut une alliance avec nous. Par exemple avec Adam dans le jardin d'Eden, il y a eu des accords clairs à observer **genese2 :16-17** « **l'Eternel Dieu donna cet ordre à l'homme : tu pourras manger de tous les arbres du jardin ; mais tu ne mangeras pas de l'arbre de la connaissance du bien et du mal, car le jour ou tu en mangeras, tu mourras** ». Le principe fondamental de cette alliance reposait sur le fait de ne pas « **manger l'arbre interdit** », en d'autres termes, c'est l'obéissance à la voix de Dieu.

Dans ce passage, nous voyons bien qu'il n'y a pas de ruse, ni de malice ; le commandement est clair : ne mange pas ceci, mais plutôt cela, car le résultat que tu obtiendras au final si tu n'écoutes pas mes conseils sera ta propre mort ! On retrouve ici la bienveillance de Dieu, sa douceur et sa patience à travers l'expression du libre arbitre. Dieu ne met pas la pression, il nous laisse faire notre expérience parce qu'il sait que l'expérience est un bon maître et qu' après cela, nous retournerons à la maison bien transformés, enseignés et assagis ; prêts à le suivre par notre propre volonté, non pas contraint et forcé. Mais, parce que nous avons compris qu'il est notre salut ; la vérité et la vie véritable.

Pour réussir sur la terre, il faut conclure une alliance avec Dieu. Dieu soutient puissamment, ceux qui ont une alliance avec lui. La vie de Dieu coule abondamment dans une alliance, et c'est aussi là que repose le mystère du vrai bonheur en Jésus Christ. Dans la vie, ne marchez pas avec celui qui n'a pas fait d'alliance avec Dieu ; sinon quelle est la base de votre collaboration ? Le principe d'intérêt commun doit être à la base de votre collaboration avec qui que ce soit : pas d'intérêt commun, pas d'action ; et pas d'action point de progrès. **Amos 3 :3** dit que «**deux hommes marchent-ils ensemble, sans être convenu ?** » ce fut le cas de Jonathan et David qui conclurent une alliance de bienveillance. **1 Samuel 18 :1-4** révèle : « **David avait achevé de parler à Saül. Et dès lors l'âme de Jonathan fut attachée à l'âme de David, et Jonathan l'aima comme son âme. Ce même jour Saül retint David, et ne le laissa pas retourner dans la maison de son père. Jonathan fit alliance avec David, parce qu'il l'aimait comme son âme. Il ôta le manteau qu'il portait, pour le donner à David ; et il lui donna ses vêtements, même son épée, son arc et sa ceinture** ».

Après la victoire de David sur Goliath, Jonathan fut impressionné par les exploits du jeune berger, et au lieu d'éprouver de la jalousie comme son père, la Bible dit qu'il l'aima. En voyant le succès du jeune David, le fils de Saül voyait à quel point ses aspirations pouvaient être comblées, car il tenait à la victoire du peuple d'Israël. Or, le prince Jonathan était aussi un compagnon d'arme, qui espérait voir son armée remporter la victoire sur les philistins. Jonathan trouva curieusement un homme qui avait la capacité de Dieu pour livrer bataille. Quand nous étudions l'attitude du prince Jonathan, il ressort qu'il était lié à la victoire de l'armée d'Israël, peu importe la manière par laquelle cela devait arriver. Il voyait en David une destinée exceptionnelle, remplie de succès. Ce prince aima David à cause de ce qui était semé en lui : exploits, force et courage, crainte de l'Eternel, grâce surabondante, puissance de Dieu et amour ...

En concluant une alliance avec lui, Jonathan, s'attacha à la même destinée que David. A ce moment, la vie de l'un et de l'autre était devenue lié par un pacte de bienveillance, de bonté, de Paix, d'amour et de protection. Dans chaque alliance, il y a toujours une personne qui aime le premier et qui manifeste le désir d'être liée à l'autre par un contrat. Et c'est cette personne qui offre des présents, car il n'y a pas d'alliance sans offrande. Dans le cas de David et Jonathan, c'est Jonathan qui aima en premier et qui manifesta le besoin de conclure une alliance, c'est aussi lui qui offrit des présents à David. David reçut de Jonathan une offrande sous forme de vêtements et d'armure de combat.

Quand Dieu mit l'homme dans le jardin, c'est lui qui l'aima le premier et lui fit des offrandes de bonheur du jardin de délices. En retour, l'homme se devait d'aimer Dieu en respectant ses principes. C'est pour cela que chaque fois que l'homme éprouve le besoin d'établir une alliance avec Dieu, il doit toujours offrir une offrande à l'Eternel, qui représente la vie offerte à Dieu pour être béni. Toute alliance a une portée spirituelle, car on ne peut s'allier à un esprit sans que cela ne se fasse dans les plans de vie : spirituel et physique **(Matthieu 18 :18).** Le secret de la réussite avec Dieu repose dans le principe de l'alliance, elle garantie notre vie, biens et famille sans oublier l'avenir ; l'apôtre Pierre a dit *:* « **maître nous avons tout laissé pour te suivre, que gagnerons nous en retour ?** ». En effet, il n'y a pas de succès dans la vie chrétienne sans avoir conclu une alliance avec Dieu. Le nouveau testament est une alliance de sang, pour jouir des promesses de la Bible, il faut avoir une alliance de vie en Christ. Il n'y a pas de vraies prospérités ou ministère sans une alliance avec Christ. Aucun serviteur de Dieu ne peut manifester la puissance de Dieu sans l'alliance. Pour cela, chaque enfant de Dieu doit consulter le berger de son assemblée afin qu'il l'aide à établir une alliance avec Dieu.

Chers lecteurs, il y a deux choses essentielles qui facilitent l'alliance avec Dieu :

1- Le Changement d'identité

Pour conclure une alliance avec Christ, il faut être conduit par l'esprit, c'est à dire qu'il faut avoir déjà atteint un niveau de brisement, car Christ ne peut pas se marier avec la chair **(1corinthiens 6 :15-20)**. Celui qui s'associe avec la chair s'appelle « **prostituée** ». La prostituée ici symbolise le péché, le diable ou les force du mal. En d'autres termes, c'est se marier ou s'allier avec ceux qui font des pratiques occultes : les féticheurs, marabouts, et autres. Quand vous pratiquez ces mauvaises choses, c'est une alliance que vous établissez avec ces forces ; alors vous ne pouvez donc plus associer Dieu et baal dans la même maison. Votre appartenance totale envers Dieu est d'une importance capitale dans l'établissement d'une alliance avec lui. Ne commettez jamais l'erreur de mélanger Dieu et les gangas ! Faites un choix, choisissez quel maître vous voulez servir.

2- Définir les domaines d'Alliance

L'homme doit conclure une alliance avec une offrande et décider de marcher par l'obéissance à Christ et sa parole. S'il est arrivé que l'un de vos parents ait conclu une alliance avec le diable, sachez-le, le diable finira par réclamer toute votre postérité. Parce que vous lui appartenez par le droit de cette alliance. Dans une alliance, il y a des promesses et des obligations. Elles marchent avec la conviction du cœur, elles ne sont pas une contrainte, mais doivent se faire dans la liberté. Qu'est ce que nos parents nous ont laissés ? Quel héritage ont-ils laissé ? Quel rapport avaient-ils avec Dieu ? Chers lecteurs, tout cela dépend en partie de notre destin. Les mauvaises choses laissées par nos parents, nous mettent sous un joug étranger, et cela nécessitera un grand prix à payer pour être délivré de cet héritage mystique.

Jonathan était prévoyant, son alliance avec David a placé sa postérité sous une garantie sociale. Dans la vie, celui qui veut aller loin, prépare son chemin. En effet, votre façon de vivre, de travailler, d'arborer vos relations, détermine ce que vous deviendrez demain, ainsi que vos enfants. Le patriarche Abraham a préparé le futur d'une postérité garantie. Jonathan l'a fait, David aussi et même Jésus l'a fait pour sa postérité spirituelle qui est l'église.

Chers lecteurs, j'ai toujours dit ce qui suit : « **aimer une femme est une bonne chose, et chaque personne peut le faire car cela est facile. Mais il est toujours difficile de faire que de penser ; par contre, celui qui par amour vrai accomplit l'acte de mariage, qui est une alliance entre deux personnes, l'aime en vérité** ». Nous pouvons tous dire que nous aimons Dieu, mais en réalité ceux qui l'aiment sont ceux qui font sa volonté, qui sont unis à lui par une alliance Christique. **Exemple** : (Un homme qui marche dans la rue et qui a trente(30) millions dans sa mallette, si vous le provoquez, peut-il réagir ? est ce qu'il peut se battre ? Non ! Pourquoi ? Est ce parce qu'il n'est pas fort ? Il peut bien évidemment se défendre d'un tiers agresseur, mais je peux vous dire que s'il ne le fait, c'est parce qu'il a quelque chose à sauvegarder de bien plus important que la bagarre : l'argent. Pour protéger cette somme importante d'argent, il préférera se faire passer pour un faible afin qu'on le laisse tranquille. Au besoin, il va prendre la fuite pour faire profile bas. Il ne se battra que contraint et forcé ; pour sauver sa vie.

Il y a des gens sur cette terre qui vivent de façon réservée ; non parce qu'ils le veulent, mais parce qu'ils ont des alliances, des choses plus importantes à faire et à préserver. Ces dernières sont de nature à changer l'histoire d'une vie, d'une nation ou encore du monde. Soyez un homme d'alliance et préservez-la au moyen de la sagesse que Dieu vous donne.

Chapitre II- DU TRONE A LA POUSSIERE

Dans ce chapitre, nous allons étudier les conséquences qui se rapportent à la loi de la désobéissance à l'ordre de Dieu, et des méfaits qui y sont directement liés. Notre existence sur terre dépend de Dieu. A cet effet, la loi qui fonde l'existence exige d'être observée et mise en application pour réglementer notre vie. La Bible déclare que Dieu est celui qui élève et aussi celui qui abaisse un homme **(1samuel2 :7)**. Il faut comprendre que Dieu est le garant de notre vie, l'artisan de notre destinée. A chacun de nous, s'adresse un plan de vie conçu par le Créateur du ciel et de la terre. Tout ce qu'il fait relève de sa souveraineté ; personne de nous n'a été consulté d'avance pour être placé dans son plan d'amour. Tout ce que nous sommes et que nous serons demain est lié à un décret divin émanant de cette souveraineté.

En créant l'homme à son image et à sa ressemblance, Dieu a aussi aimé chacun selon son cœur, car il a toujours aimé l'œuvre de ses mains. Il existe deux principes qui déterminent le niveau de notre vie : l'obéissance ou la désobéissance. Ces deux lois sont deux façons de marcher dans notre existence. Celui qui marche par l'obéissance à Dieu et à sa parole, se verra être élevé, mais celui qui marche par la désobéissance sera rabaissé. C'est pourquoi l'on peut être pauvre, rejeté, fatigué de tout ce qui s'élève contre notre propre volonté, mais si nous observons les principes de Dieu dans notre vie, il nous relèvera et nous sortira de la prison, et de la possession des esprits malins de ce siècle présent.

1 Le Principe de l'obéissance

L'obéissance est l'opposé de la désobéissance. Elle symbolise l'acceptation d'une position dans le plan divin. Etre obéissant, c'est s'ouvrir à la parole de Dieu, c'est aussi vivre dans le couloir de vie qu'il a tracé pour chacun de nous. Le destin de l'homme se concrétise lorsqu'il marche dans l'obéissance aux principes divins. Tous les malheureux n'ont qu'une seule question à se poser : **suis-je dans l'obéissance à Dieu ou dans la désobéissance ?** Votre vie reflétera la réponse que vous trouverez à cette question. Peu importe votre condition sociale, ou les circonstances dans lesquelles vous vivez, même si vous vous trouvez dans un désert qui ne semble point finir, si vous marcher dans l'obéissance à la parole de Dieu, je vous assure que votre statut sera changé.

Il existe deux niveaux de l'obéissance : L'obéissance naturelle ou morale et l'obéissance spirituelle.

a)-L'obéissance naturelle

Encore appelée obéissance charnelle, ne peut conduire à la réalisation normale du plan de Dieu. Elle est une manière de marcher selon l'éducation reçue, selon la morale, c'est aussi une manière de se conformer par des efforts humains ou par des habitudes humaines, à la volonté de Dieu. C'est ce que l'on assimilerait à la « **religion** », cette espèce de morale ou de piété extérieure, qui résulte des efforts de l'homme. Ce type d'obéissance ne peut conduire à la bénédiction divine, et par conséquent ne peut-être suffisante pour satisfaire la volonté de Dieu. Il y a plusieurs personnes dans notre société qui disent ne pas faire de mal et qui observent les principes de la morale. A mon avis, la conformité à la loi sans être conduit par le Saint-Esprit ne peut satisfaire Dieu. Pour mener une vie d'obéissance qui conduit à la gloire, il faut être en Christ Jésus. Un jour le Seigneur Jésus dit aux pharisiens qu'ils étaient des tombeaux blanchis et remplis de toutes espèces d'impuretés : **Mathieu 23 :25-29** nous apprend que : «**Malheur à vous, les scribes et pharisiens hypocrites ! Parce que vous nettoyez le dehors de la coupe et du plat, et qu'au-dedans ils sont pleins de rapine et d'intempérance. Pharisiens aveugles ! Nettoie premièrement l'intérieur de la coupe et du plat, afin que l'extérieur aussi devienne net. Malheur à vous, scribes et pharisiens hypocrites ! Parce que vous ressemblez à des sépulcres blanchis, qui paraissent beaux au dehors, et qui, au-dedans, sont pleins d'ossements de morts et de toute espèces d'impuretés**».

Chers lecteurs, ce texte de la Bible nous montre le comportement naturel de l'homme, en l'absence de la main de Dieu. Les scribes et les pharisiens étaient pourtant des serviteurs dans le temple de Dieu chaque jour de leur vie. Mais, malheureusement ils étaient remplis de haine, de division selon la conception de chaque groupe par rapport à la loi de Moïse. Ils jugeaient le peuple sévèrement, sans qu'ils soient le modèle de cette même loi qui punit les autres. La piété extérieure n'est pas synonyme d'être bon. Ne donner jamais des apparences d'être un homme bon, si votre cœur n'est pas encore transformé. Mais prier plutôt celui qui fait toute chose bonne en son temps, de vous briser afin de lui obéir non selon la chair, mais selon l'esprit. Il y a plusieurs personnes aujourd'hui qui se sont fait portées le manteau du sacerdoce, mais dont l'intérieur est rempli d'ossements, et d'impuretés. Ils Affichent une obéissance dogmatique devant les gens, alors que le cœur est très loin de celui qu'ils se proclament être. Repentez-vous !

b)- L'obéissance spirituelle

C'est la manière d'obéir à Dieu qui compte ; c'est-à-dire par son esprit et non par la chair. La force ou l'énergie qui nous emmène à suivre Dieu, vient du Saint Esprit et non de l'homme. En réalité, la bénédiction n'est rien d'autre que la récompense que Dieu accorde à celui qui dépense l'énergie divine pour faire sa volonté. Dieu est béni, et il se bénit lui-même parce qu'il se rémunère ; De la quantité d'énergie spirituelle qu'il dépense, en travaillant durement pour accomplir sa propre volonté. Raison pour laquelle, Dieu met l'accent sur le travail. Qui ne travaille pas n'a pas droit au salaire ou à la bénédiction de Dieu ; elle est réservée pour ses enfants.

Le livre de **Deutéronome 8 :17-18** nous déclare : « **garde toi de dire en ton cœur : ma force et la puissance de ma main m'ont acquis ces richesses. Souviens-toi de l'Eternel, ton Dieu, car c'est lui qui te donnera de la force (de l'énergie divine) pour les acquérir, afin de confirmer, comme il le fait aujourd'hui, son alliance qu'il a juré à tes pères** ». Dieu est entrain d'enseigner son peuple à ne pas croire que, c'est par leur énergie et la force naturelle des choses qu'ils sont parvenus à la richesse, mais plutôt par sa volonté. Il veut que ce soit ses capacités qui nous procurent la bénédiction, et non notre effort charnel. La volonté divine est que nous soyons des grands sur la terre dans tous les domaines de la vie. Mais pour y arriver, il faut travailler durement par la force positive qui nous vient de l'obéissance à la loi de Dieu. Tout ce qu'il nous donne : trône, biens, dignité…, se conservent par la force du Saint-Esprit. « **1 chroniques 29 :12 nous libère le mystère de la richesse en disant : c'est de toi que viennent la richesse et la gloire, c'est toi qui domine sur tout, c'est dans ta main que sont la force et la puissance, et c'est ta main qui a le pouvoir d'agrandir et d'affermir toutes choses** ».

2   LA DESOBEISSANCE DANS LA VIE DU ROI SAÜL

La désobéissance est la manifestation de la vie du péché ou de la chair, c'est rater de cible ou d'objectif. C'est un refus délibéré d'accepter la volonté de Dieu dans notre vie. Cela fut le cas de Saül **(1samuel 15 :10-18)**. Ce passage nous montre le déclin de la royauté de Saül, et cela était lié aux comportements désagréables du roi. Il s'était éloigné des voies du Seigneur, de celui qui l'avait établi comme roi. De même nous savons que, toute autorité établie vient de Dieu selon **Romains 13 :1**, ce qui revient à dire que celui qui s'éloigne de Dieu, s'éloigne également du pouvoir divin. Celui qui s'écarte des principes de Dieu creuse sa propre tombe. La conduite de Saül poussa le créateur à se repentir de l'avoir établi sur le trône. Il était emporté par la convoitise et toute sorte d'orgueil à tel point qu'il ne voulut point se repentir.

La désobéissance attire le malheur, la chute et le chaos. **Deutéronome 28 :15-16 dit : «Mais si tu n'obéis point à la voix de l'Eternel, ton Dieu, si tu n'observe pas et ne met pas en pratique tous ses commandements et toutes ses lois que je te prescris aujourd'hui, voici toutes les malédictions qui viendront sur toi et qui seront ton partage : tu seras maudit dans la ville, et tu seras maudit dans les champs »**. La désobéissance à la volonté de Dieu ne peut nous conduire à l'élévation, sinon qu'à la ruine. Alors, que dire des hommes portant le manteau de serviteur de Dieu et qui vivent dans le mal ! Tout en gardant une position élevée de richesse et de gloire? Le Sont-ils réellement ? Y a-t-il une autre force agissante derrière ? La Bible déclare que l'on reconnaitra le bon arbre par ses fruits, en fin de compte, personne n'échappera au jugement de Dieu. Que vous soyez le blé ou l'ivraie, vous êtes attendus au carrefour. Dieu élève une personne dans sa souveraineté, car toute autorité établie vient de lui, il est aussi cependant respectueux de ses principes et lois. Que vous soyez un homme élevé ou béni, sachez que vous l'êtes par la grâce de Dieu. Par conséquent, la seule chose qui vous fera descendre de ce fauteuil, chers lecteurs, c'est la désobéissance à la loi de Dieu. Le roi Saül était arrivé à la royauté par la volonté des hommes et non la volonté parfaite de Dieu.

1 Samuel 8 :4-7 dit : « tous les anciens d'Israël s'assemblèrent et vinrent auprès de Samuel à rama. Ils lui dirent : voici, tu es vieux, et tes fils ne marchent point sur tes traces ; maintenant, établis sur nous un roi pour nous juger, comme il y en a chez toutes les nations. Samuel vit avec déplaisir qu'ils disaient : donne-nous un roi pour nous juger. Et Samuel pria l'Eternel. L'Eternel dit à Samuel : écoute la voix du peuple dans tout ce qu'il te dira ; car ce n'est pas toi qu'ils rejettent, c'est moi qu'ils rejettent, afin que je ne règne plus sur eux ». Le peuple d'Israël voulait un roi comme les nations païennes, il voulait se conformer aux autres, sans savoir si cela était bon ou pas, sans consulter celui qui fut pour eux un guide pendant des siècles. Israël avait fait un choix, celui de changer de mode de vie. Et Dieu accepta que la volonté permissive se fasse, car il a toujours respecté le choix de chacun de nous en bien ou en mal.

Il ne peut aussi empêcher à l'homme de décider de son propre vouloir. Or, le choix est la manifestation de la volonté de l'homme. Comprenons par cela que Dieu ne choisit pas à notre place, sa responsabilité est de nous montrer les voies à suivre et leurs conséquences. Mais quant au choix, il le laisse à l'appréciation de l'homme. Le choix détermine ainsi, notre avenir spirituel, notre destinée. Tout ce que nous désirons être dans notre vie doit faire l'objet d'un choix. La Bible dit que *ce qu'un homme sèmera, il le moissonnera aussi,* c'est-à-dire que nous sommes ce que nous avons voulu être, il y a des années. Dieu n'arrête pas nos choix, mais il a la responsabilité de déterminer les conséquences du bon ou du mauvais choix. Satan aussi avait choisi de s'opposer aux voies de Dieu, mais Dieu ne l'en empêcha pas, seulement, les conséquences de ce choix ont été déterminées par lui. Adam et Eve dans le jardin d'éden avaient eux aussi choisi de suivre la voix de Satan et Dieu ne l'avait pas empêché ; cependant, il détermina les conséquences qui devaient en découler.

a)- Les Conséquences d'une vie de désobéissance à Dieu

La désobéissance est un refus manifeste d'obéir à l'ordre de Dieu. Elle est aussi caractérisée par la rupture de la communion avec le Seigneur. Souvent cela est dû à une vie de péché, mais dans le cas de notre roi ici, ce fut plutôt l'orgueil qui l'entraina au désastre. Dans cette perspective, **1 Samuel 15 :22-23** affirme que : **«l'Eternel trouvera t-il du plaisir dans les holocaustes et les sacrifices, comme dans l'obéissance à la voix de l'Eternel ? Voici l'obéissance vaut mieux que les sacrifices, et l'observation de sa parole vaut mieux que la graisse des béliers. Car la désobéissance est aussi coupable que la divination, et la résistance ne l'est pas moins que l'idolâtrie et les theraphin. Puisque tu as rejeté la parole de l'Eternel, il te rejette aussi comme roi »**.

Chers lecteurs, il faut comprendre ici que l'obéissance et la désobéissance sont : l'élévation et l'abaissement. Celui qui obéit à la parole Dieu, s'élève. Ainsi, **Deutéronome 28 :1** enseigne que celui qui marche dans l'obéissance des principes établis par Dieu, aura la supériorité sur toutes les nations de la terre. Par contre, celui qui marche dans la désobéissance à la loi de l'Eternel, s'abaisse et occupera le niveau le plus bas de la terre. En effet, tous ceux qui ne suivent pas les ordres de Dieu, consciemment ou inconsciemment, pratiquent la désobéissance envers lui. Dieu est le metteur en scène de notre vie, il est l'artisan de notre destinée, il sait d'où nous venons et où nous allons. Il sait comment il exécutera son plan d'amour pour nous. Cependant chaque fois que nous agissons selon notre vouloir, pensant le faire de la meilleure des manières, le résultat est souvent l'échec. Toutefois, Dieu est parfois obligé de corriger, châtier, ou de rejeter totalement l'homme, comme ce fut le cas de Saül le roi. Peu importe l'excès de zèle, l'abus de pouvoir, ou la folie de grandeur qui peut vous envahir ; N'allez jamais au-delà des limites fixées par Dieu, au risque de comparaître devant son tribunal.

- **L'exemple du roi Saül**

Saül était roi, issu de la tribu de Benjamin. Or, d'après la disposition des douze tribus d'Israël autour du tabernacle et par rapport au plan de la ville sainte Jérusalem, la tribu de Benjamin occupe la dernière porte. La royauté était destinée à la tribu de Juda selon le plan de Dieu. Mais, nous voyons comment le peuple a remplacé le plan de Dieu par celui des hommes. Nous réalisons que lorsque les anciens d'Israël proposaient Saül à la tête d'Israël comme roi, ils étaient déjà entrain de désobéir à la volonté parfaite de Dieu, de se rebeller contre les plans du créateur. Lorsque la nuée se déplaçait dans le désert afin de conduire ce peuple avec l'arche de l'Eternel, c'était en effet la tribu de Juda qui était en tête suivie des autres. Le plan de Dieu va être restauré en Israël lorsque David est porté à la royauté, car il était de cette tribu. C'est pourquoi, avant de prendre une décision dans notre vie, chacun doit se placer dans la volonté de Dieu et être sûr que c'est le temps fixé par lui.

- Comment alors reconnaître le plan de Dieu ou la volonté de Dieu ?

La volonté parfaite de Dieu, c'est Jésus-Christ **(1 thes 5 :18)**. La communion spirituelle avec Jésus-Christ nous place directement dans la volonté de Dieu. En Jésus Christ, tout s'accomplit, c'est-à-dire que chacun de nous reste à la place qui est la sienne selon le plan de Dieu. Que pouvons-nous alors penser de la royauté de Saül ? Disons que, depuis le jour où Saül a accepté d'être roi, il s'est placé sous une volonté permissive, sous un plan autre que celui de Dieu. Le roi Saül était devenu ce qu'il ne devait pas être selon le plan de Dieu, il était devenu un homme prétentieux et guidé par la présomption. A cet effet, la communion avec Dieu s'était rompue, pour laisser place à une spiritualité formaliste et légaliste. Il était donc devenu un religieux, il se contentait juste de la forme visible de la religion. C'est pourquoi, il accordait plus de valeur aux sacrifices, aux offrandes naturelles qu'à l'obéissance qui est la manifestation d'une véritable vie d'offrande du cœur à Dieu.

La parole vivante de Dieu, c'est Jésus Christ notre Seigneur qui a été placé au dessus de tout pouvoir, toute langue, tout trône, de toute dignité et domination (**Ephésiens 1 :20-21**). Quand le roi Saül marchait dans l'obéissance à la parole de Dieu, il était élevé, mais lorsqu'il plongea dans la désobéissance, le trône s'éloigna de lui, et c'est ainsi que spirituellement le poste resta vacant. En cela, nous devons comprendre, chers lecteurs, que tout trône est spirituel et dépend de Dieu, car c'est lui le Maître des esprits. En effet lorsque nous rejetons les voies de Dieu, l'homme retourne à la poussière. (**Genèse 3 :19**). Ainsi, Adam et notre mère Eve ont désobéi à Dieu, c'est de là que nous déduisons que la vie de la désobéissance à l'Eternel rabaisse jusqu'à la poussière. Tel fut d'ailleurs, le cas de Saül qui perdit son fauteuil royal, et la crédibilité devant Dieu et les hommes. Toute sa famille fut dispersée et tuée ; par conséquent, l'héritage qu'il devait léguer à sa descendance fut récupéré. Et pendant la bataille contre les philistins, il trouva la mort en compagnie de son fils Jonathan, prince d'Israël. Tout cela n'était que les conséquences fâcheuses de la colère de Dieu pour tous ceux qui désobéissent à sa parole.

Par ailleurs, seul Mephibosheth échappa au sort réservé à cette lignée royale. En effet, à cause de l'alliance que Jonathan avait conclue avec David, Dieu préserva la vie du fils de Jonathan ainsi que tous les biens qui devaient lui revenir. Malgré la perclusion qui gagna les jambes de cet enfant et la loi qui interdisait sa présence au sein de la cours royale, et même du temple, il fut protégé par le principe de l'alliance et retrouva le trône. A l'instar de cet exemple, il apparait vrai que la loi peut nous condamner, mais que tous ceux qui sont dans l'alliance sont couverts et sont par conséquent traités de façon différente. L'alliance et la grâce divine sont une garantie incontestable qui place notre vie sur un avenir plein d'espoir.

b)-Etre victime des iniquités de nos Parents

Nombres 14 :18 déclare « **l'Eternel est lent à la colère et riche en bonté, il pardonne l'iniquité et la rébellion ; mais il ne tient point le coupable pour innocent, et il punit l'iniquité des pères sur les enfants jusqu'à la troisième et la quatrième génération** ». Nous retenons de cette déclaration que l'Eternel inflige le châtiment des fautes commises par les parents, aux enfants, à des générations successives, à cause de la désobéissance. Le roi Saül avait commis des fautes graves vis-à-vis de l'Eternel et à cause de cela et du lien de sang, les descendants de Saül payèrent le prix du péché commis par leur père.

Il y a beaucoup de personnes, aujourd'hui, qui vivent des situations inconfortables résultant des péchés commis par les parents dans le passé, bien que n'étant pas responsables de ces crimes. Nous pouvons comprendre ici qu'à cause de l'influence du sang, les parents transmettent à travers les gênes, les fautes et les crimes antérieurs, si bien que les enfants en payent le prix. Nous payons de manière héréditaire, les erreurs commises par nos parents. C'est pourquoi, il faut couper ou rompre ses liens de sang afin de se connecter à Jésus Christ, notre frère céleste. Seul le sang ou la vie de Jésus doit demeurer en nous. Nous ne disons pas que l'héritage de nos parents est a priori mauvais, et nous ne rejetons pas également en bloc les caractères de nos pères, mais tous les caractères du péché, de malédiction et toute influence maléfique qui circulent dans notre sang et qui seraient la cause de nos maux actuels et futurs. C'est dans cette perspective que nous devons rompre avec cet héritage en y mettant fin.

1 Pierre 1 :18-19 nous apprend que : **« sachant que ce n'est pas par des choses périssables, par de l'argent ou de l'or, que vous avez été rachetés, de la veine manière de vivre que vous aviez hérité de vos pères, mais par le sang précieux de christ, comme d'un agneau sans défaut et sans tâche »**. Pierre nous enseigne ici que c'est par le sang de Jésus que nous sommes rachetés (délivrés) de tout héritage du péché, de malédiction. Le sang de Jésus représente le feu, c'est le pouvoir spirituel qui détruit tout ce qui est maléfique dans la création de Dieu. Le sang de Jésus à le pouvoir de détruire l'héritage du péché et de purifier notre sang (siège des émotions ou âme), car nous avons cette nature du péché depuis la création selon **Romains 5 :12** : **« c'est pourquoi, comme par un seul homme le péché est entré dans le monde, et par le péché la mort, et qu'ainsi la mort s'est étendue sur tous les hommes, parce que tous ont péché »**. De même, cet enfant Mephiboscheth était victime du fardeau parental c'est-à-dire du fait qu'il soit né dans cette famille royale sur laquelle s'abattait la colère de Dieu. Malgré son innocence devant la désobéissance à Dieu, il était quand même coupable par le lien du sang.

Aussi, l'homme est aujourd'hui coupable du péché adamique, non selon la volonté, mais par nature car Adam fut notre ancêtre dans la chair et son péché est arrivé jusqu'à nous et empêche tout homme n'ayant pas reçu Jésus Christ comme Seigneur et sauveur dans sa vie de vivre les promesses de l'amour infini de Dieu. Or, pour tous ceux qui ont Jésus dans leur vie, ils n'ont plus Adam pour ancêtre, mais Jésus Christ comme le second Adam, venu pour libérer l'homme de la malédiction du péché et de la mort. Ainsi, **1 corinthiens 15 :21-22** affirme que: «**car, puisque la mort est venue par un homme, c'est aussi par un homme qu'est venue la résurrection des morts. Et comme tous meurent en Adam, de même aussi, tous revivront en christ**». En effet, les malédictions, les difficultés, les échecs, les manquements, les maladies… sont dues à la qualité de notre sang. On comprend donc que, la qualité du sang détermine non seulement la qualité de notre santé physique, mais aussi la qualité spirituelle de notre vie.

Chers lecteurs, pour illustrer ce qui précède, je vous parlerai d'un fait authentique que j'ai vécu quand j'étais encore étudiant. Un ami, lorsque nous étudions à l'institut d'agronomie, s'est vu plusieurs fois être recalé lors des sessions. Cependant, la cause de ses échecs reposait tout simplement sur un fait : le professeur qui s'occupait des unités de valeurs (UV), venait de réaliser que mon ami était le fils d'un monsieur qui fut autrefois son rival. Ainsi, le père de mon ami brisa le rêve de ce professeur, celui d'épouser la femme qu'il aimait de tout son cœur. Malheureusement, mon ami portait le même nom que son père ; alors à travers le patronyme, le professeur faisait retomber sur le fils les foudres qui devaient en réalité retomber sur le père. Il se peut donc que, vous soyez porteur d'un nom, dont le propriétaire fut un voleur, un meurtrier, un pauvre, un maladif, et qu'aujourd'hui, ce nom ne vous permet pas de vous épanouir, de réaliser des exploits dans votre vie. Sachez que le nom représente l'identité de la personne. Dans le nom il y a la marque de celui qui l'a incarné.

Moi-même j'ai été victime du pouvoir du nom. En effet, je porte le nom d'un de mes arrières grands pères qui, dans son passé avait ravi des femmes mariées, il le faisait de village en village, jusqu'à ravir des concessions entières à de pauvres paysans, à de plus faibles devant son autorité. Il était chef coutumier, il profitait de son autorité, de son pouvoir pour semer la terreur dans les cantons. Comme un roi, il se faisait transporter en « tipoye ». A sa fin, il laissa un très mauvais témoignage de lui et rendit par la même occasion, un mauvais service à tous ceux de sa descendance qui porteront ce nom. Ce nom c'est ***LENDEMBE.*** Spirituellement j'étais donc condamné à vivre dans l'anonymat, à demeurer inconnu et éloigné de la civilisation. En plus, j'héritais part ce nom, les ténèbres du siècle infernal de la coutume et des traditions. Chez les « **Mbétis**, au Congo Brazzaville » encore appelé « **Obamba** » au Gabon, la force traditionnelle repose sur les éléments de la forêt ou de la brousse : panthère, lion, écorces des essences sacrées…et le rite traditionnel mystique appelé le « Djobi » dont l'initiation se fait en pleine forêt. Rappelons que la connaissance issue de ce rite ne devait être révélée, puisqu'elle est strictement réservée qu'aux initiés. A un certain moment, j'avais peur de paraître dans les milieux où mon grand-père avait semé le désordre, j'avais peur de me présenter, au risque d'être tué. D'ailleurs, ce nom a influencé mon identité et ma vie, surtout lorsque j'étais encore païen. Mais plus tard, c'est en Jésus Christ que j'ai retrouvé ma liberté, bien que toujours porteur du même nom.

Chers lecteurs, je vous exhorte à vous attacher à Christ Jésus et à mettre ses enseignements en pratique dans votre vie, ainsi votre destinée s'accomplira selon le plan établi par Dieu. La vie est une question de choix intérieur, votre bonheur sur terre dépend plus de vous que de Dieu, car il avait déjà accompli sa part de responsabilité pour vous en Jésus Christ. C'est pour cette raison que la Bible dit dans **Matthieu 18 :18 : « Je vous le dit en vérité, tout ce que vous lierez sur la terre sera lié dans le ciel, et tous ce que vous délierez sur la terre sera délié dans le ciel ».** Voila un passage très clair qui nous fait comprendre que les biens de ce monde, la réussite et la gloire en Dieu ne dépendent plus de lui, mais de notre volonté de les acquérir.

Vous devez comprendre que nous avons tous le plan de l'amour de Dieu en chacun de nous mais qui s'est manifesté en Jésus Christ. Par conséquent, si vous échouez dans votre vie, et selon le temps qu'il vous donne à vivre sur terre, cela résulterait de votre propre choix ; sinon vous êtes un vainqueur. Alors je vous conseille de suivre ce programme et de retrouver ce que vous avez perdu.

c)- ASPECT PRATIQUE ET PRIERE DE DELIVRANCE

Faites Cette prière chaque nuit de 24h00 à 1h00. Je vous conseille de manger léger la nuit, car la lourdeur du corps physique diminue l'efficacité de la prière. Dans le cas où vous avez des sérieux problèmes, faites-le dans le jeûne, et ne mangez qu'une seule fois par jour, mais léger. Ayez des temps de jeûne de : 3 jours, 5 jours, 7 jours, 12 jours, 14 jours, ou 21 jours selon la gravité de la situation. Vous devez prier avec autorité, conviction du cœur, avec conscience. Evitez des flots de paroles et ne doutez pas de votre prière, car ce que vous dites, finit par s'accomplir si vous croyez fermement.

Prions ensemble dans le nom de Jésus Christ

1- Au nom puissant de Jésus Christ, que le pouvoir du nom de Jésus me sauve, me délivre et me restaure dans mon être et dans tous les domaines de ma vie.

2- Que la puissance du péché, de la chair et de la mort dans ma vie soit brisée au nom puissant de Jésus Christ.

3- Que les liens de sang et de la malédiction plantés dans ma nature se brisent au nom de Jésus Christ.

4- Au nom puissant de Jésus, que le lien de la mort spirituel dans ma vie, mon esprit, mon âme et mon corps soit détruit.

5- Je déclare la destruction de toutes les chaines de l'esclavage, de la maladie, de malédiction, d'échec et de non n'accomplissement dans ma vie, semé par le péché en moi, au nom de Jésus.

6- J'annule tous les décrets mystiques des coutumes et des traditions contre ma vie et je proclame mon succès au nom de Jésus Christ.

7- Au nom de Jésus Christ, je renonce aux liens de la mort et de la servitude du péché et du monde dans ma vie.

8- Au nom puissant de Jésus Christ, je renonce aux liens de la malédiction que j'ai hérités de mes parents, mère, mon père et toutes leurs lignées.

9- Que toutes les paroles négatives de malédictions, de blocages, libérées par des sorciers, des hommes et femmes de mauvaise foi, des esprits démoniaques, soient annulées au nom du tout puissant et vainqueur de Jésus Christ.

10- Au nom de Jésus Christ, je détruis les liens de la maladie incurable dans ma vie.

11- Que tous les vents des problèmes provenant de mes ennemis et de leurs archives utilisés contre moi, soient arrêtés au nom de Jésus Christ.

12- Que tout héritage charnel et diabolique se brise au nom de Jésus Christ.

13- Au nom de Jésus je déclare que je suis ressuscité, guéri et restauré par la grâce qui me couvre.

14- Au nom de Jésus que ma vie financière, professionnelle, matérielle, conjugale, sociale soit libérée de l'emprise de Satan.

15- Je viens au nom de Jésus, libérer mon argent, mes biens, mes projets retenus entre les puissances de ténèbres.

16- Que toutes les programmations des agents des ténèbres libérées chaque jour contre ma vie, s'annulent au nom de Jésus Christ.

17- Au nom de Jésus Christ, que les écluses des cieux s'ouvrent dans ma vie afin de répandre la provision divine et toutes les bénédictions en Christ dans ma vie.

18- Et que toutes ces paroles soient oui et amen, je les scelle dans le nom puissant de Jésus Christ. Amen !

CHAPITRE III- DIEU SUSCITE ET PLACE UN HOMME AU TRONE

Les écritures nous enseignent que la vie de l'homme se trouve dans la pensée souveraine de Dieu. Chaque personne est appelée à recevoir la vie de Dieu qui est déposée en Jésus Christ. Aucun homme n'est appelé à vivre comme un malheureux, car nous avons reçu la divinité depuis la création. Remarquez, lorsque l'homme perd ce qui lui a été donné, l'identité divine, Dieu s'engage à nous relever pour le faire asseoir au trône de sa grâce. (*1 Samuel 2 :8).* Voici là, la volonté souveraine de Dieu pour tous ceux qui sont découragés, fatigués, chargés, persécutés. En effet, il y a un trône de grâce qui a été préparé pour chacun de nous, mais la condition est que nous soyons en Jésus Christ, car Christ est l'incarnation et la manifestation de la grâce divine **(jean 1 :17**).

Chers lecteurs, la volonté divine est que chaque membre de son corps, comprenne qu'il y a une position qui lui a été réservée. Le Seigneur Jésus a déclaré : « **il y a plusieurs demeures (postes, trônes) dans la maison de mon père…je vais vous préparez une place» (jean 14 :2***).* Notre Dieu a toujours su choisir et changer son effectif afin d'amener d'autres à la gloire selon son temps et ses desseins. Après le rejet de Saül comme roi, l'Eternel va susciter un roi selon son modèle.

Bien aimé(e)s sachez que dans la vie, chacun de nous a son tour chez le coiffeur comme le dit l'adage, c'est-à-dire que chacun de nous a son jour de bénédiction ou d'élévation. Lorsque le Seigneur Jésus Christ avait fait le miracle de la multiplication des pains dans le désert, la Bible ne nous dit pas que, les gens se bousculaient ou se précipitaient à cause de l'insuffisance des morceaux de pains et de poissons ; au contraire, tous étaient assis et chacun attendaient son tour.

En plus, ceux qui étaient au fond du circuit, savaient que quoiqu'il arrive, le panier de pain et de poisson arriverait à leur niveau. Même la vie quotidienne nous l'enseigne à l'exemple d'une horloge, lorsqu'elle sonne six heures du matin, c'est parce que l'aiguille qui doit jouer ce rôle est arrivé au niveau du chiffre six et à supposé que douze heures soit pressé, le chiffre 12 ne descendrait pas de sa place pour aller occuper celle de 6 heures! Car il sait pertinemment aussi que cette aiguille qui nous régit tous, viendra jusqu'à moi et à mon tour je sonnerai.

Pendant que vous êtes fort et puissant aujourd'hui, ne bafouez pas les principes de Dieu dans votre existence, ne méprisez pas l'orphelin ou encore l'indigent, car vous ne savez pas ce que demain peut enfanter dans la vie de cet homme. Personne, chers lecteurs, n'est éternel ici bas. Vous passerez un jour, alors préparez votre vie future en étant en harmonie avec Dieu et les hommes.

Sachez-le, il y a quelqu'un qui attend aussi son tour pour entrer dans la saison de gloire et peut- être que, ce ne sera plus votre saison. Depuis des siècles, Dieu a toujours voulu partager sa gloire avec ses enfants, en plaçant en nous un potentiel de gloire. En effet, celui qui se croit fini, et perdu, pendant qu'il est en Christ Jésus, pêche contre Dieu, car l'Eternel désire nous faire grâce, il n'abandonne personne.

Les paroles de Dieu encore appelée décrets de Dieu sont irrévocables et immuables.

Personne n'a le pouvoir de modifier les décrets divins (*Esaïe 30 :18*). Dieu n'a pas un autre désir ou sentiment que de manifester sa faveur, son pardon à notre égard. Si nous comptons sur lui, il ordonnera à sa gloire de demeurer dans notre vie. « **Sion** » et « **Jérusalem** » sont des termes purement spirituels et prophétiques qui signifient : « **ensoleillée** » et « **demeure de paix** ». Ces termes représentent le peuple de Dieu, le peuple illuminé par la lumière de Christ, soleil de la justice et un peuple devenu temple de Dieu.

David ne craignait rien car, il savait qu'il était un être illuminé et rempli de la paix de Dieu. Il comptait sur la grâce divine et espérait qu'un jour sa destinée allait s'accomplir, malgré le manteau de broussard qu'il avait. Comprenez par là que Dieu ne prend en compte ni votre âge, ni votre beauté, ni votre taille pour vous établir sur le trône, mais plutôt, votre cœur et votre volonté. Ainsi, David avait cultivé la grâce divine dans son cœur, dans ses pensées et dans sa volonté.

1 COMMENT FAIRE POUR S'ASSEOIR AU TRONE AVEC LES GRANDS

« **De la poussière il retire le pauvre…pour le faire asseoir avec les grands. Et il leur donne en partage un trône de gloire…** » (1 Samuel 2 :8). Pour s'asseoir au trône avec les grands, il faut que Christ s'établisse d'abord et avant tout sur le trône de notre cœur, et qu'il y demeure pour toujours. Le secret de David reposait dans ce principe, car, David connaissait bien l'Eternel, et ce, dès son enfance.

Ecoutez cette déclaration venant de la part d'un enfant : **1 Samuel 17 :32-37 : « David dit à Saül : que personne ne se décourage à cause de ce philistin ! Ton serviteur ira se battre avec lui. Saül dit à David : tu ne peux pas aller te battre avec ce philistin, car tu es un enfant, et il est un homme de guerre dès sa jeunesse. David dit à Saül : ton serviteur faisait paitre les brebis de son père ; et quand un lion ou un ours venait à enlever une du troupeau, je courais après lui,** je le frappais, et j'arrachais la brebis de sa gueule. S'il se dressait contre moi, je le saisissais par la gorge, je le frappais, et je le tuais. C'est ainsi que ton serviteur a terrassé le lion et l'ours, et il en sera de se philistin, de cet incirconcis, comme de l'un d'eux, car il a insulté l'armée du Dieu vivant. David dit encore : l'Eternel qui m'a délivré de la griffe du lion et de la patte de l'ours, me délivrera aussi de la main de ce philistin. Et Saül dit à David : va, et que l'Eternel soit avec toi ! ».** Ces déclarations nous montre combien de fois David connaissait Dieu et comptait sur sa puissance glorieuse. Cette connaissance lui provenait de l'esprit de Dieu qui l'habitait après que le prophète Samuel l'ait oint. Autrement dit, David préfigure le croyant, le disciple de Christ et Samuel, le grand prophète, Jésus Christ qui baptise du Saint-Esprit.

Tous les oints et les enfants de Dieu sont des rois, ils règneront sur la terre avec Christ (Apocalypse **5 :10**).

David avait reçu le potentiel de la royauté, la force et la victoire. Cependant, pouvons-nous dire que, nous recevons également les mêmes choses en jésus ? Oui, car en lui nous avons tout reçu. **Philippiens 4 :18** déclare : « **j'ai tout reçu, et je suis dans l'abondance ; j'ai été comblé de biens, en recevant par Epaphrodite (envoyé ou messager de Dieu ou ange de Dieu) ce qui vient de vous comme un parfum de bonne odeur, un sacrifice que Dieu accepte, et qui lui est agréable** ». Allant dans le même sens, l'apôtre Paul déclare dans le livre de **1corinthiens 3 :23** : « **tout est à vous ; et vous êtes à Christ, et Christ est à Dieu** ».

Bien aimé(e) dans le Seigneur, ces passages veulent simplement dire qu'en Jésus Christ nous avons reçu la puissance de restauration divine, nous avons reçu le potentiel nécessaire pour la manifestation de la gloire de Dieu dans notre vie. Ainsi, si nous laissons Jésus-Christ s'établir sur le trône de notre cœur, en retour il fera de même, en nous installant avec les grands.

En effet, il est capable de le faire, que ce soit dans les ministères, les postes de responsabilité, les gloires, les honneurs, l'abondance sur la terre, tout cela lui appartient. Aucun croyant ne peut régner sur la terre sans que Christ ne l'intronise. **Lorsqu'une personne marche dans la volonté de Dieu, les archanges, les rois, les gouverneurs, les anges, les vieillards et d'autres esprits célestes au service de Dieu viendront la soutenir, la protéger, l'enrichir…** C'est ainsi que l'obéissance de David, à marché dans la volonté de Dieu, le conduisit sous la main toute puissance de l'Eternel à accéder au trône et à s'asseoir avec les grands. Malgré qu'il était moins instruit, il reçut la grâce de Dieu, simplement parce qu'il agissait selon son talent de bon berger et qu'il aimait le travail manuel.

Chers lecteurs, Dieu travaille avec tous ceux qui aiment le travail, les paresseux et les lâches n'ont pas de place dans le royaume de Dieu. Je dis souvent dans mes messages qu'un gagnant ne lâche jamais, et qu'un lâche ne gagne jamais. Il y a deux choses qui ont élevé David au plus haut niveau :

-le travail manuel : l'amour du travail

-la communion avec Dieu : la vie de prière intense

Ces deux éléments n'ont pas besoin d'argent ni du secours des hommes pour être réalisées car en faites cela ne coûte rien, mais plutôt le sacrifice corporel (**Romains 12 :1**). Que vous n'ayez rien à manger, pas d'endroit où dormir, engagez-vous dans la prière, allez en brousse consacrer des jours de prières jusqu'à ce que vous soyez remplis du Saint-Esprit. L'élévation ou la bénédiction de Dieu, coûte en termes de sacrifice et d'énergie. C'est cette offrande du corps, du cœur qui ouvre la porte du ciel, l'argent et autres biens matériels viennent en second lieu pour soutenir l'exercice de l'appel ou de la responsabilité que Dieu nous confie.

2 LES CRITERES DE L'ELEVATION OU DU SUCCES SELON DIEU

Chers lecteurs, nous savons tous que David a connu l'élévation et le succès. Peut-on se poser la question de savoir d'où lui venait cela ? De Dieu ou de lui-même ? Or, toute élévation est spirituelle, mais se produit à partir des choses que nous possédons. En réalité, c'est notre potentiel enfoui en nous sous forme de graine qui doit germer spirituellement pour atteindre le niveau de la résurrection. Cela s'illustre bien dans la vie de Jésus notre Seigneur, la semence de vie qui est venu dans un corps, il a vécu sous forme de grain de blé, mais après la mort, il connu la résurrection ou l'élévation (**Jean 12 :24**). A ce propos, l'apôtre Pierre dit « **humiliez vous donc sous la puissante main de Dieu, afin qu'il vous élève au temps convenable** ». Ainsi, l'élévation se produit dans l'humilité, dans l'obéissance et la soumission au Seigneur. Celui qui s'abaisse, qui paie le prix du sacrifice du corps pour faire la volonté de Dieu, sera élevé.

Le livre de **Lamentation 3 : 41** dit « **élevons nos cœurs et nos mains vers Dieu qui est au ciel** ». Notre cœur représente le caractère et nos mains, les actions que nous pratiquons. Cela veut simplement dire que nous devons faire les choses dans la volonté de Dieu avec la force du Saint-Esprit.

Voici les critères qui conduisent à l'élévation :

1- La connaissance du talent, du don et de sa mission sur la terre : c'est le cas de Moïse **(Exode 3 :11)**, c'est avoir la révélation sur le potentiel qui est en vous.

2- La connaissance de Dieu : **(Exode 3 :13-15)**, il se révèle toujours par son nom.

3- L'offrande du cœur à Dieu : cultiver le caractère du cœur qui est une source de vie. **(Romains 12 :1)**

4- Avoir une vie de prière intense : **(Luc 18 :1-8 ; 1 thes 5 :17)**.

5- La méditation de la parole de Dieu, afin d'agir selon la pensée de Dieu et réussir : **(Josué 1 :8)**.

6- Eviter le complexe et la honte ; marcher par la foi en Dieu **(2 corinthiens 5 :7)**.

7- Exercer l'autorité de Christ, marché avec domination **(Ephésiens 6 :12)**.

Pour réussir dans la vie, il faut premièrement :

- **prendre une décision de changer les choses, changer votre histoire, votre statut en vous positionnant sur Christ,**

- **En second, être capable de sacrifier le sommeil et la nourriture,**

- **Troisièmement, ne remettez pas à demain ce que vous pouvez faire aujourd'hui,**

- **Quatrièmement, ne soyez pas au repos si vous n'avez pas encore atteint votre but.**

Chers lecteurs, vous devez comprendre qu'il existe un niveau que vous devez atteindre afin que la gloire de Dieu se manifeste. C'est pourquoi Christ vous a sauvé à la croix, il est venu pour restaurer votre vie, votre image, votre famille. Aller à l'école de David et instruisez vous, vous deviendrez un homme de victoire.

2-1- LA PREPARATION

C'est l'ensemble des exercices physiques et spirituels pour mettre au point un instrument, prêt à une utilisation spéciale. Cette préparation fut l'un des critères de sélection de Dieu à l'endroit de David, il était enfant mais travailleur, non pour lui-même, mais pour l'intérêt du plus grand nombre de sa famille, il risquait chaque jour sa propre vie pour garantir l'intérêt commun. La préparation est l'une des choses les plus importantes rentrant en ligne de compte dans le travail que Dieu nous confie. Chaque fois, dans l'histoire des grands hommes de la Bible, Dieu préparait toujours dans l'ombre quelqu'un, avant de le présenter en publique. On peut citer quelques exemples :

Abraham fut préparé dans sa foi avant de recevoir le fils de la promesse, Jacob paya le prix avant d'épouser la femme de son choix « Rachel », Moïse fut préparer à Madian avant de recevoir la mission et les tables de loi, Elisée de même avant de recevoir la double portion (part) de l'esprit de son Maître. Aussi, Jésus alla dans le désert (40) jours durant afin de se préparer pour ce qu'il devait accomplir comme mission.

Le travail que faisait David comme berger a contribué inéluctablement à produire en lui des caractères pastoraux. Du coup, selon la saison et la crise de responsabilité qui régnait, il fut trouvé, puis regardé par l'Eternel comme étant l'homme qui possède le cœur et les aptitudes les mieux disposés à gérer la royauté. A cela nous comprenons que ce que vous faites, et la manière de le faire peuvent contribuer à votre élévation et à votre bénédiction demain. Faites les choses dans le bon sens, avec un bon cœur et un jour Dieu enverra un Samuel auprès de vous… quelqu'un qui viendra de loin dans le simple but de vous bénir, même si vous étiez marginalisé. Dieu est capable d'envoyer des mages (des hommes qui portent votre or, encens et myrrhe) pour venir jusqu'à vous. En clair, lorsque votre temps de préparation sera à son terme, alors votre étoile brillera devant lui, attirera ce dont vous avez besoin et dont vous avez été destiné.

2-2- LA NOTION DE RELATION ET DE COMMUNION

a)- La Relation

Chaque personne née de nouveau en Jésus-Christ doit connaître et comprendre que la relation avec Dieu ne peut se briser, c'est un acquis que nous tenons de Christ et en Christ. La Bible dit dans **jean 1 : 12-13** : « **Mais à tous ceux qui l'on reçue, à ceux qui croient en son nom, elle a donné le pouvoir de devenir enfant de Dieu, lesquels sont nés, non du sang, ni de la volonté de la chair, ni de la volonté de l'homme, mais de Dieu** ». Donc, quand nous acceptons Jésus-Christ comme Seigneur et Sauveur dans notre vie, nous naissons de nouveau et ensuite, nous devenons fils et héritiers des promesses de Dieu par Jésus-Christ. **Exemple** : je suis fils d'un homme et d'une femme ; cette relation de père à fils ne peut être changé quelque soit la conduite du fils vis-à-vis du père **(histoire de l'enfant prodigue)**.

Aviez-vous reçu jésus ? Si oui alors vous êtes son fils né non selon la volonté de la chair, mais de Dieu. Cette position ne vous sera jamais enlevée malgré vos imperfections. Tous ceux qui ont Jésus dans leur vie, sont des héritiers selon la promesse de Dieu faite à Abraham et à travers laquelle, toutes les familles de la terre seront bénies. Cette situation fait de ces derniers des Cohéritiers avec Christ. Notre Seigneur étant Roi des Rois, nous appartenons donc à la famille royale, nous nous rangeant ainsi dans la lignée davidique. Et finalement l'histoire royale du peuple hébreux, et des nations greffés par Christ, nous concerne particulièrement. A cet effet, le diable fera tout pour vous convaincre par vos propres erreurs en disant que vous lui appartenez et que vous avez sa nature en vous. Mais comprenez ce principe, dès que nous acceptons Christ, la malédiction s'annule. Selon Romains 8 :1-2 : « il n y a donc maintenant aucune condamnation pour ceux qui sont en Jésus Christ. En effet, la loi de l'esprit de vie m'a affranchi de la loi du péché et de la mort ». Cette loi du péché a été détruite par Christ à la croix, la tête du serpent a été écrasée publiquement, donnant lieu à un spectacle pour notre victoire éternelle en tant qu'enfant de Dieu. Alors, vivez cela, car vous ne dépendez pas des coutumes, ni des systèmes de ce siècle présent, mais de la volonté de Dieu.

b)- La Communion

En égard à ce qui précède, la communion, contrairement à la relation, peut se briser chaque fois que vous désobéissez à la volonté de Dieu. Dans cette perspective, elle est le fait d'être en harmonie avec une personne ou Dieu. Quand il y a la vie de péché, c'est cette harmonie qui se brise et prive en conséquence l'homme des avantages dont il profitait du fait de sa bonne communion avec Dieu. **Exemple** : Lorsqu'un père chasse son fils de la maison pour mauvaise conduite, celui-ci quitte la maison de son père, même s'il demeure fils de son père.

Toutefois, l'amour et les avantages qu'il avait à travers sa position, ne lui seront plus manifestés. Mais plus tard, quand le même enfant revient dans la présence de son père et demande « pardon », automatiquement, il rétablit ce qui était brisé entre son père et lui. David connaissait, ainsi, les principes du Dieu d'Abraham, d'Isaac et de Jacob (Israël), le Tout-Puissant. Chaque fois, il s'efforçait de garder la communion avec celui-ci par l'adoration, l'observation de la loi et le service.

La bonne communion enfanta une onction particulière dans l'adoration au point de chasser même les démons. Toutes les fois que vous garderez intacte votre communion avec le Seigneur, cela accumulera en vous de l'énergie, de la puissance, de l'autorité et par conséquent des victoires dans ce que vous faites. Aussi, la crainte de Dieu en lui fut un véritable critère de sélection. En ce temps de la fin où l'iniquité est accrue, la foi du plus grand nombre de personne est en train de s'affaiblir. Mais dans tout cela, Dieu a seulement besoin des David.

Entendons par là, des hommes et des femmes qui ne se contenteront pas seulement de la relation, mais qui retiendront aussi la communion spirituelle avec le Seigneur afin de démontrer la grâce surabondante dont jouissent plusieurs de ses enfants dans ce monde. Il s'agit simplement des gens qui se sont placés dans le plan de Dieu et qui ont compris la valeur du potentiel enfui en eux. En d'autres termes, la communion parfaite de chacun de nous, conduira l'Eglise Corps de Christ, à être une église glorieuse, sans ride, ni tâche pour l'enlèvement et pour les noces de l'Agneau. Mais, plus la communion du peuple se brise sans être restaurée, plus l'église s'affaiblit.

Sachez-le très cher(e) ami(e), amoureux du livre, que Dieu compte sur votre travail personnel pour changer l'humanité ou simplement l'impacter. Mettez vous au service du Seigneur et qu'il vous forge afin d'être demain un instrument de vie.

Vous ne pouvez pas changer le monde, sans être changé avant tout par le Christ, dans sa divine puissance de transformation. Le monde cherche des hommes qui peuvent apporter des solutions là, où l'humanité s'interroge ; ceux qui creusent de l'or, afin de parer de bijoux la vie des autres ; ceux qui se sacrifient quelque part, pour donner du goût au monde, que l'Eternel les bénisse.

CHAPITRE IV – LE RESCAPE DE LA MORT

Tsiba était serviteur dans la maison du roi David. Il reçut l'ordre un jour d'aller à la recherche d'une personne qui s'était exilée par peur d'être récupérée et tuée par des éléments de la garde du roi. Tsiba prit quelques gardes du roi afin d'aller à la recherche de celui à qui le roi voulait faire grâce. Ce serviteur Tsiba représente le ministère des anges qui reçoivent chaque fois la mission d'aller consoler ou apporter les faveurs Divines aux saints. Chaque fois que ceux qui ont le nom de Jésus Christ dans leur vie se trouvent en difficulté, l'Eternel envoie toujours son secours.

Chers lecteurs, le Seigneur ne peut vous abandonner dans les moments de combat, au moment où vous avez plus besoin de lui. Car, il est un bon père. Lorsque ce groupe sortit de la cour du roi, il était porteur d'une bonne nouvelle du roi pour le rétablissement d'un homme. Ainsi, celui-là même à qui la loi avait refusé le droit de se présenter devant le roi, parce que perclus des deux pieds, entrait dans la grâce. En vérité, la grâce de Dieu est très suffisante pour couvrir nos faiblesses et défauts. C'est ainsi qu'un passage de la Bible, nous enseigne le même principe. En effet, selon **2 Rois 7 :8-9,** Dieu s'est manifesté comme le révèle ce passage : « **les lépreux, étant arrivés à l'entrée du camp, pénétrèrent dans une tente, mangèrent et burent, et en emportèrent de l'argent, de l'or, et des vêtements, qu'ils allèrent cacher. Ils revinrent, pénétrèrent dans une autre tente, et emportèrent des objets qu'ils allèrent cacher. Puis ils se dirent l'un à l'autre : nous n'agissant pas bien ! Cette journée est une journée de bonne nouvelle; si nous gardons le silence et si nous attendons jusqu'à la lumière du matin, le châtiment nous atteindra. Venez maintenant, et allons informer la maison du roi »**.

Dans la marche avec Dieu, il y a toujours un jour de grâce, un jour de bonne nouvelle, un jour de restauration et de délivrance. Quand ce jour arrive, Dieu peut utiliser n'importe quel instrument pour vous apporter votre bénédiction. Ne soyez jamais limité dans vos pensées, Dieu est capable de faire toute chose pour sa gloire. Il a utilisé un âne pour libérer un message, il est souverain. Un jour en 2006 dans la ville de Libreville, Dieu m'avait parlé un matin du dimanche sur la route par une folle. Les oracles sortis de la bouche de cette femme pendant que je voulais lui prêcher l'évangile, sont restés un témoignage dans ma vie. Le passage précédent nous montre comment Dieu a utilisé des lépreux pour accorder la délivrance à son peuple, quel paradoxe ! Et pourtant ils étaient considéré comme impur ; on ne pouvait ni les toucher, ni vivre en leur compagnie; mais ce jour là chers lecteurs, Israël a touché et mangé ce qui provenait d'un groupe d'hommes malades de la lèpre. Cela revient à dire que tout Israël s'était rendu impur et coupable en même temps des péchés de ces hommes. Vous parlez du péché, parce que certainement ces hommes étaient impurs. Certes, oui ils l'étaient. Du moins du point de vue médicale car ils pouvaient propager la maladie. Mais, Dieu peut dans un état de faiblesse et parfois inconfortable, accomplir sa volonté au sein de son peuple. Je souhaite simplement attirer votre attention sur le fait que celui que vous critiquez certainement aujourd'hui, entrera dans sa saison un jour s'il s'en remet à Dieu.

A mon humble avis, je crois que Dieu est souverain et qu'il ne fait exception de personne, son objectif n'est pas que l'homme pécheur périsse dans son état, mais qu'il parvienne à la connaissance de sa parole. Avec David, il changea de tactique pour confondre les sages en manifestant la victoire par les mains d'un petit enfant inexpérimenté dans l'art de la guerre, il est souverain. N'ayez jamais peur de ce qui vous arrive, croyez que le Seigneur est avec vous et qu'il agira. Ainsi, Mephiboscheth était perclus des deux jambes, vivant dans un coin reculé de la contrée, rabaissé de toute estime des hommes, ayant peine à manger. Il ne croyait pas qu'un jour il retournerait la cour du roi. Mais, une surprise agréable de la part du créateur lui était réservée dès la fondation de toutes choses. Et, finalement, il s'est retrouvé sur la table du roi. En effet, un matin il fut saisi de peur en voyant la garde royale devant sa porte. Aussitôt, il se dit dans son fort intérieur: « **certainement Dieu n'a pas voulu que je vive, il a décidé de détruire tout ce qui appartient à Saül...** ». Disons le, la présence soudaine de ces gens était pour lui synonyme de prison ou encore de mort. Par comparaison à notre existence, il arrive quelques fois dans la marche de notre vie, qu'en lieu et place des hommes que Dieu nous envoie pour nous apporter la bénédiction, nous pensons simplement à une attaque de la part de Satan. Or, ce dernier n'est parfois pas toujours responsable de tout ce qui nous arrive. Lorsque Mephiboscheth commença certainement à supplier les gardes de l'épargner, il fut alors surpris d'entendre une parole de grâce : « **ne pleure pas, car nous ne sommes pas venu vous arrêter, mais plutôt vous annoncer que le roi désir vous rétablir dans son palais** ».

Stupéfait, il se mit à raisonner sur tout ce qui lui arrivait. Il pensa peut-être même que cela n'était qu'un piège de David pour le tuer. Mais, ce n'est que plus tard qu'il réalisa que c'était son jour de vivre une faveur de l'Eternel. Alors, il accepta de partir avec eux. C'est pour vous dire qu'un jour arrivera où votre misère, votre maladie prendra fin. Un jour où le Seigneur décidera de vous sortir de cet hôpital qui vous tient prisonnier depuis. Un jour où ceux qui se moquaient de vous finiront par comprendre qu'il est avec vous depuis le début de l'histoire de votre vie et qu'en aucun moment de vos combats il ne vous a abandonné. Un jour où vous serrez un rassembleur et bâtisseur de la vie des autres, parce qu'ils verront en vous un potentiel qu'ils n'ont pas. Un jour où le ciel vous remerciera de votre combativité comme Jacob et vous comblera de bénédiction.

Cette belle histoire peut bien nous faire comprendre beaucoup de choses sur les faveurs infinies de la divine bonté de notre Dieu. Quel que soit ce que vous traversez actuellement, peu importe les conditions dans lesquelles vous vivez, je sais seulement qu'il y a un Dieu, capable de vous faire du bien, à cause d'une alliance royale ou christique. Tous ceux qui sont en Jésus-Christ font parti de cette alliance et par conséquent de cette histoire royale. Pendant que cet homme souffrait, il y avait déjà un décret de restauration à son endroit. De même, il se peut que là où vous êtes il y ait déjà quelqu'un envoyé par Dieu pour vous élever et vous ramener ainsi, dans votre histoire originelle avec Dieu. C'est souvent au bout de nos forces, notre raisonnement, que le Seigneur vient à notre secours. Aussi, pendant que le patriarche Abraham se trouvait dans les chênes de Mamré, fatigué par l'âge et au bout de son attente de l'accomplissement de la promesse, Dieu avait déjà prévu une visitation angélique porteuse de la bénédiction qu'il attendait depuis longtemps.

Je crois en tant que prédicateur de l'évangile de Jésus Christ, que le meilleur est en route pour vous. Ne voyez pas la réalité des choses, car elle vous dira que vous êtes malade, vous souffrez, vous êtes maudit etc. mais, regardez plutôt la vérité de Dieu qui est la position qu'il vous a destiné dans ce monde. Il en a été de même pour Jacob qui pleurait interminablement pour son fils chéri joseph, pour la sécheresse, pour la carence en provision, il voyait même la mort de sa lignée. Pendant ce temps, joseph était en alliance avec Dieu, car il était de la lignée sacrée, à cause de cela un décret était déjà en route pour lui. Car, ce décret était prononcé afin que la main de Dieu le réhabilite dans le pays d'Egypte. Mon Dieu est capable de tout. David de même, pendant qu'il se trouvait entrain de paître le troupeau de son père, il ne savait pas que le choix de Dieu s'était porté sur lui, pour diriger le peuple d'Israël un jour d'autant plus qu'il n'était qu'un enfant, Or, Dieu dans sa grâce ne voit ni notre âge, ni nos origines modestes. Mais, plutôt le temps qu'il a choisi lui-même pour nous établir. Ainsi, Mephiboscheth a été pris pour un voyage, de la poussière à la gloire.

Voilà le rescapé de la mort qui retrouve l'espoir perdu après tant d'années de dures épreuves au cours desquelles il croyait que tout était fini. En vérité, la Bible dit que là où nos pensées s'arrêtent commence celles de Dieu. Je crois que ce jour là, cet homme se disait en lui-même que tout est donc possible dans la vie et, qu'il ne sert à rien de perdre l'espoir : **Job 19 :25-26 : « mais je sais que mon rédempteur est vivant, et qu'il se lèvera le dernier sur la terre ».**

L'Eternel s'élèvera dans votre situation, non pas parce que vous souffrez, mais parce que vous avez de la valeur à ses yeux et qu'en vous il y a le mystère de son fils par l'alliance. Les circonstances de la vie, vous ont peut-être repoussé au plus bas de l'échelle, mais une chose est vraie, c'est que si vous faites partie réellement de cette lignée, un jour votre condition changera. Quelqu'un se souviendra de vous par cette alliance que vous avez avec Christ, et vous serrez alors béni.

CHAPITRE V– DE L'HUMILIATION A LA GLOIRE

La souffrance, le désespoir et bien d'autres situations de la vie peuvent nous faire oublier notre identité. Mephiboscheth avait oublié une chose essentielle en rapport à sa catégorie : il n'était pas comme tous ceux du monde qui souffraient. Il était prince. En situation difficile certes, mais prince quand même. En effet, il avait oublié que le sang royal coulait dans ses veines dès sa venue au monde. La nature et la volonté divine ont voulu qu'il naisse du sang des grands. J'aimerai dire à tous les chrétiens du monde entier qu'il y a quelque chose de très importante en vous: **vous n'êtes pas n'importe quelle personne, mais des princes et des princesses de Dieu nés par Jésus Christ au moyen de la foi**. Peu importe la situation, il y a quelque chose de très fort qui circule dans vos veines : **c'est le sang de ce grand homme du siècle des siècles, Jésus-Christ**. Vous pouvez vous croire faibles, abandonnés ou encore maltraités, envoûtés ou même que vous ayez perdu tout espoir, mais en fin de compte, sachez que vous êtes un prince et une princesse. Que vous le vouliez ou pas, on nait prince et on le demeure toute sa vie. En vérité, tous ceux qui sont nés en Jésus ont droit à la grandeur, à l'excellence, car ce qui est influent en eux, c'est le fait d'être né dans la maison du roi. Par conséquent, tous les rois se souviendront d'eux. Dans cette perspective, nous allons voir le plan d'amour de Dieu et le plan de la restitution pour ceux qui sont en Jésus.

1 LE PLAN DE L'AMOUR DE DIEU

Chers lecteurs, depuis le jardin d'Eden, Dieu avait un plan de rédemption pour l'homme dans le cas où il désobéirait à sa volonté. Quand Adam mangea le fruit de l'arbre de la connaissance du bien et du mal, il brisa directement l'alliance entre lui et Dieu. **Genèse 3 :6-7** déclare que : « **La femme vit que l'arbre était bon à**

manger et agréable à la vue, et qu'il était précieux pour ouvrir l'intelligence ; elle prit de son fruit, et en mangea ; elle en donna aussi à son mari, qui était auprès d'elle, et il en mangea ». Ensuite, la Bible dit que Dieu fit à Adam et sa femme des habits de peau et il les en revêtit (**Genèse 3 :21**) ; or, on ne peut faire des habits de peau d'animal qu'en tuant une bête. Quel animal fut alors sacrifié par Dieu pour couvrir le péché de l'homme ? Est-ce le lion ? L'éléphant ? Le singe etc ?

Pourtant, l'homme s'était déjà fait des habits de feuilles de figuier ; mais Dieu les trouva très légers et sans valeur. Dieu va faire couler le sang dans son jardin de délices, pour habiller l'homme fait à son image et à sa ressemblance. Cet animal sacrifié, fut la préfiguration de l'œuvre de Christ à la croix pour la rémission des péchés de toute l'humanité. Cette image de vêtements n'est en fait que la parabole pour introduire **l'alliance de restauration** avec tous ceux qui descendront de la postérité du second Adam.

C'est d'ailleurs pour cette raison que Dieu demanda à Moïse de faire un serpent d'airain et que quiconque aurait été mordu par l'un des serpents et qui regarderait la perche levée par Moïse conserverait la vie. En référence à cela, aujourd'hui, nous avons le droit de citer auprès de Dieu à cause du sacrifice de Jésus. Dans le même ordre d'idée, Jonathan symbolisa l'incarnation du même plan de la rédemption. C'est en cela que le roi David dit à Mephiboscheth ce que révèle le passage de **2 Samuel 9 :7** : « **ne crains point, car je veux te faire du bien à cause de Jonathan, ton père** ». Ici, David le roi prend l'image de Dieu, Jonathan celle du fils de l'homme et Mephiboscheth le bénéficiaire de l'alliance.

Autrement dit, aujourd'hui, nous bénéficions des promesses faites à Abraham par le sacrifice de Jésus à la croix et du fait que nous soyons nés en lui. **Romains**

10 :9 affirme que: « **si tu confesses de ta bouche le Seigneur Jésus, et si tu crois dans ton cœur que Dieu l'a ressuscité des morts, tu seras sauvé** ». Sans aucun doute, Jésus-Christ est cet animal qui fut sacrifié dans le jardin d'Eden, pour préfigurer le plan de la rédemption de l'humanité.

2 LA RESTITUTION

Selon 2 Samuel 9 :7 , la bible révèle que: « **je te rendrai toutes les terres de Saül, ton père et tu mangeras toujours à ma table** ». Ce passage nous montre combien de fois Dieu aime l'homme. Aussi, il dévoile son plan de restitution de tout ce que nous avons perdu par ignorance ou par circonstance, car l'ignorance nous pousse à pécher contre Dieu. Ainsi, lorsque vous acceptez le plan d'amour de Dieu dans votre vie, celui qu'il a accompli sur la croix pour toute l'humanité, vous retrouverez ce que vous avez perdu ou que vous cherchez.

Soyez convaincus que vous retrouverez ce que Satan vous a volé par Adam dans le jardin d'Eden. C'est dire que Dieu va vous restituer votre héritage, votre fertilité, votre santé…, car dans sa pensée, vous êtes un homme ou une femme très béni(e) pétri(e)) de talents ; un être capable de gérer et de dominer sur la terre : **Genese1 :28** : « **Dieu les bénit, et Dieu leur dit : soyez féconds, multipliez, remplissez la terre, et l'assujettissez ; et dominez sur les poissons de la mer, sur les oiseaux du ciel, et sur tout animal qui se meut sur la terre** ».

Peu importe le nombre d'années qui se sont écoulées, matérialisant la période de vache maigre dans votre vie, l'Eternel vous rétablira dans son amour. Ce fut le cas de Mephiboscheth, qui a été réhabilité, de même pour la femme sunamite, comme l'indique **2 rois 8 :5-6 : « et pendant qu'il racontait au roi comment Elisée avait rendu la vie à un mort, la femme dont Elisée avait fait revivre le fils vint implorer le roi au sujet de sa maison et de son champ. Guéhazi dit : ô roi, mon seigneur, voici la femme, et voici son fils qu'Elisée a fait revivre. Le roi interrogea la femme, et elle lui fit le récit. Puis le roi lui donna un eunuque, auquel il dit : fais restituer tous ce qui appartient à cette femme, avec tous les revenus du champ, depuis le jour où elle a quitté le pays jusqu'à maintenant ».**

Cette femme Sunamite après avoir passé sept (7) ans réfugiée, reçut à travers son miracle, la restitution de tous ses biens. Le Dieu auquel vous avez cru est capable de vous restituer ce que vous avez perdu. Soyez fiers de votre choix, même dans la souffrance, car demain vous appartient.

Quand il a retrouvé la cour royale, Dieu a permis qu'elle récupère même ce qu'elle avait perdu comme héritage de ses pères. En Dieu il n y a pas de hasard, mais plutôt la providence divine, croyez que Dieu est capable de vous faire retrouver tous ce que vous avez perdu par le passé, malgré la durée. Ceux que vous croyez être des ennemis pour vous, peuvent aussi constituer une porte de restauration pour vous ou une école de perfectionnement pour le futur. A cet effet, je vais vous conduire dans mon témoignage afin de vous montrer combien de fois l'amour de Dieu est grand et comment son décret agit du simple fait que nous lui appartenons.

3   MON TEMOIGNAGE : DISPARU TROIS FOIS DANS LE VENTRE DE MA MERE

Je vais vous raconter ce que j'ai vécu depuis mon enfance pour vous montrez combien de fois Dieu est bon. Né en République du Congo-Brazzaville, j'appartiens à la communauté Mbeti (obamba). Mon père et sa famille pratiquaient un rituel familial appelé le « **djobi** » tandis que du côté de ma mère d'origine kouyou, sa famille pratiquait le rite traditionnel appelé « **la danse ékongo** ». Eh bien, j'ai commencé à être persécuté par le diable dès le ventre de ma mère. Durant son état de grossesse, le bébé que j'étais n'était plus visible ni même existant dans son ventre. Et cela était dû au simple fait, qu'un membre de la famille n'avait pas reçu sa part de dote en boisson pendant la cérémonie de mariage traditionnel.

Voyez combien de fois le monde des ténèbres est méchant. Pour des présents d'une durée éphémère, ils ont décidé de mettre fin à la vie d'un bébé, un être innocent depuis le ventre de sa mère. Il arrive très souvent aussi, de constater que certaines femmes avortent ou que les fœtus sont expulsés très prématurément sans raison valable. Dans cette perspective, vous conviendriez avec moi que la plupart de ces cas sont causés par des forces du mal au sein de la famille, du quartier ou du village.

A trois (3) mois ce fut la première disparition. Tous les signes de grossesse s'étaient totalement estompés, pas même le moindres frétillement du fœtus. Quelle pitié pour cette femme, ma pauvre mère qui ne comprenait rien de ce qui se passait ! Et c'est comme cela qu'elle décida de garder son calme pour analyser la situation et ne pas être traumatisée. Mais cela dura tout de même deux longs mois. Quelle force de caractère il lui a fallu pour tenir le coup jusqu'au dénouement de ce mystère !

A cinq(5) mois, la grossesse reprit forme avec tous les symptômes, un mois plus tard, elle disparu à nouveau. C'est alors qu'elle informa son mari (mon père) de tout le traumatisme qu'elle vivait depuis ce temps. Le ventre devenait plat, ce qui était mystérieux, mais mon père fit preuve de scepticisme et banalisa en répondant que cela n'était pas grave et que tout s'arrangerait. Je souligne ici, que mon père n'était pas de ceux qui facilement pouvaient croire aux histoires irrationnelles. C'était un homme influent dans la société, aux idées très réalistes.

Alors à sept(7) mois, la grossesse réapparut, le père fit reconnaitre à son épouse qu'il avait raison que la situation avait bien fini par s'arranger. Mais pour ma mère, le danger était permanent et son bébé était menacé. Elle était en alerte permanente ; ce fut un véritable calvaire pour elle. A cette époque, le réveil spirituel des églises locales n'était presque pas visible et les forces du mal opéraient encore très facilement dans des familles sans être soupçonnées ni inquiétées. La tradition étant forte en Afrique, cela arrangeait le monde de ténèbres qui baignaient dans la manipulation des esprits humains.

Enfin, à neuf(9) mois, la grossesse ré-disparue, créant un trouble, une psychose dans le foyer. Il fallu alors prendre le problème à bras le corps, car on approchait de la période d'accouchement. De nombreux rites traditionnels basés sur la pratique de la sorcellerie et de la magie noire permettent ce genre d'investigations. En tous cas, elles permirent de démasquer l'auteur de ce manège : c'était un parent situé à plusieurs centaines de kilomètres de la capitale. Il reconnut ses méfaits et donna les causes de sa colère. Il fallut préparer le voyage vers l'intérieur du pays avec des présents à lui remettre pour apaiser son courroux. Or, à cette époque le transport urbain n'était presque pas régulier sur la route du Nord. Selon le ganga (féticheur), il n'y avait presque plus de temps à perdre, il fallait être rapide au risque de ne plus retrouver cet enfant vivant. Heureusement, Dieu est bon, il veille car il est omnipotent, omniprésent et omniscient. Mon père a rassemblé les effets à apporter à cet homme qui n'était autre que mon oncle ; le frère de ma mère et la délégation se mit en chemin. Arrivée au village nommé « **Elima** » qui signifie « **le fantôme** », ils aperçurent le vieillard qui se mit à ricaner en disant : « **vous avez de la chance, car il était prévu que nous fassions notre fête ce soir avec mes amis et pendant que je parle, le bébé est sur un fumoir** ». Malgré cela, il accepta les présents et, après plusieurs supplications de la famille, l'affreux sorcier consentit finalement à restituer le bébé. Ce rescapé est celui qui vous écrit ce livre aujourd'hui. Serviteur de Dieu dans la fonction « **Apôtre des Nations** ».

Quelques jours après être revenus à la capitale, la grossesse reprit forme. Ma Mère me mit au monde à la fin du onzième mois, presqu'au douzième. Chaque jour de ma vie, quand je pense à ce témoignage, mes larmes coulent et je réalise l'amour de Dieu pour ma vie et l'épreuve qu'à endurée cette brave femme. En effet, je serai mort aujourd'hui, mais il m'a récupéré afin de faire de moi son serviteur. Chers lecteurs, je vous affirme que jusqu'à ce que je sois appelé à servir Dieu, il s'est passé beaucoup d'événements dans ma vie qui avaient tous pour objectif vraisemblablement de m'arracher à la vie… En bref, dans cette souffrance, Dieu m'a récupéré, formé et a fait de moi un vase d'honneur.

TEMOIGNAGE NUMERO 2

Le diable a continué à me réclamer à travers des petites maladies, jusqu'à l'âge de un an et demi durant lequel, ce qui suit s'est produit :

Mes parents avaient engagé une baby-sitter qui prenait soin de moi et à cette époque nous logions dans un quartier sous-intégré. Alors que nous étions en grande saison de pluie, et que la pluie menaçait de tomber, la nounou se rendit au marché sans moi et ma mère se trouvait déjà au collège où elle poursuivait ses études, tandis que mon père lui était au travail. La nounou m'avait enfermé endormi dans la maison pendant qu'il pleuvait. Juste après son départ, la pluie redoubla d'intensité, si bien qu'en quelques minutes, toute la parcelle fut inondée. Le temps passa et la nounou ne revenait pas. Cependant, l'eau commença à pénétrer par le bas de la porte et finalement remplit tout le planché de la maison. En très peu de temps, tous les objets flottaient dans l'eau y compris ma couche.

Quelle tristesse de voir un bébé seul dans cet état ! Quand l'eau avait détrempé le lit dans lequel j'étais endormi, le sommeil me quitta et je me mis à pleurer. Chose curieuse, aucun des voisins ne s'en aperçut ! Mais gloire soit rendue à notre Dieu qui, à la dernière minute va toucher le cœur de ma mère qui était en salle de classe, durant un cours de mathématiques et qui va s'écrier à haute voix : « **oh mon Dieu ! Mon fils !** ». Alors, elle sortit de la salle et se mit à courir en direction de la maison tout en pleurant.

Arrivée dans la parcelle, tout était noyé, et la petite voix d'un enfant sortait de la chambre criant au secours. Car la mort était là, elle planait. Elle a donc cassé la porte centrale et me trouva debout sur le lit, mouillé par l'inondation et pleurant de désespoir. La nounou quant à elle, n'était toujours pas là. Elle me prit dans ses bras et se mit à pleurer d'émotion. Après cela, ma vie ne fut qu'une succession de combats rudes avec le diable. J'étais sorti des flammes alors que notre maison prenait feu ; deux fois j'ai fait naufrage dans le fleuve ; puis, disparu en forêt une fois lors d'une partie de chasse. Bref, alors que tous ces évènements malheureux se multipliaient dans ma vie, j'ai entendu parler d'un homme qui pouvait transformer ma vie et restaurer ma santé. Dès lors, j'ai décidé de le suivre, toute ma vie durant. Je n'ai jamais soupçonné que c'était déjà son appel pour moi, afin de me consacrer à son service. Après cela, mes frères et sœurs, je vous affirme que ma vie changea directement et considérablement.

Comprenons donc que peu importe ce qui vous est arrivé dans le passé, croyez-moi, Dieu vous aime et il a un plan de restauration pour vous. Il vous cherche afin de vous restituer ce que vous avez perdu. Pour ma part, je croyais que les termes « **paix et amour** » étaient de vains mots, mais c'est une erreur car, j'ai réalisé qu'il y a de la paix et de l'amour en Jésus seulement. Moi qui n'étais rien, mort au péché, condamné dans la sorcellerie familiale, je me retrouve prédicateur de masses de pays en pays à ce jour. Réalisez que Dieu est capable de faire la même chose dans votre vie ; croyez que vous êtes cet homme Mephiboscheth et que Dieu vous rétablira très bientôt.

Que le Dieu qui a changé ma situation le fasse aussi pour vous au nom de Jésus-Christ de Nazareth.

CONCLUSION

Chers frères et sœurs en Jésus-Christ, par cette histoire de la Bible et par l'enseignement qu'elle donne, je viens pour stimuler votre foi, vous encourager à compter sur Dieu dans vos difficultés, dans vos épreuves et dans les combats que vous traversez. Vous devez donc comprendre qu'il y a un Dieu qui vous connait et qui a un plan d'amour pour votre restauration. Ne croyez jamais que l'échec de votre vie est la manifestation de l'incapacité de Dieu.

Tant que vous vivrez, Dieu a un dernier mot à dire dans votre vie. Même si vous vous trouvez dans la vallée de l'ombre de la mort, même si vous ne savez quoi faire, sachez que Dieu viendra à vous ; non pas parce que vous souffrez, mais parce qu'il y a un sang royal qui coule en vous et c'est en vertu de cela qu'il viendra à votre recherche. Le fait que Jésus s'est livré à la croix pour tous les hommes, prouve combien de fois son amour est grand. Sachez aussi que le sang et la mort de Jésus continue à parler en votre faveur devant le trône de Dieu. Le Seigneur a le pouvoir de vous relever si vous le chercher et lui obéissez. Il a aussi le pouvoir de vous abaisser si vous ne lui obéissez pas.

Elevez votre dimension de foi et apprenez à surmonter vos difficultés, en ayant une pensée positive. Car Dieu viendra à vous comme il l'a fait dans le jardin d'Eden. L'alliance de Dieu en vous et votre appartenance en Jésus-Christ feront que, quels que soient les combats, Dieu viendra à votre secours même à la dernière minute. Vous êtes un prince et une princesse ; je le crois à votre place, alors entrez dans la logique des grands, marchez vers la grandeur et agissez comme un héritier, c'est alors que le ciel viendra à vous. Bien aimés, vous n'êtes pas ce que vous êtes aujourd'hui, mais vous êtes en réalité ce que Dieu dit de vous en Christ. Depuis le jour où vous avez acceptez Christ dans votre vie, vous avez là, inscrit votre nom dans le registre de Dieu, et par conséquent, vous faites partie de la famille royale. Les avantages qui profitent à tous ceux qui sont auprès du Roi, vous sont aussi accessibles.

Je vous invite à présent à vous investir dans une vie de prière continue, afin d'amener à la matérialisation le plan de Dieu pour votre vie en Jésus-Christ. Je vous invite également à faire des prières déclaratives pour élever votre foi, pour changer vos pensées négatives afin d'avancer comme un vainqueur. Car, Dieu ne vous a pas envoyé sur la terre pour échouer. Il n'a jamais créé un échoué, mais c'est l'homme dans son ignorance qui se laisse vaincre par les circonstances de la vie.

A partir de cet instant, décide de changer, de vivre dans la victoire de Christ, d'avancer et d'aller plus loin ; quitte là où tu es, va vers l'endroit que Dieu t'a réservé en Jésus–Christ !

Proclamations

- Seigneur Jésus Christ, je crois maintenant que je ne suis pas n'importe quelle personne; malgré ce que le diable, les gens de mauvaise foi, les difficultés ont produit en moi pour me détruire et me rabaisser, je déclare que je suis un prince, un vainqueur au nom de Jésus.

- Je me dégage de tout esprit d'humiliation, de honte, de désespoir, de la peur d'affronter la réalité au nom de Jésus.

- Que toute conséquence résultant des péchés et erreurs commises par mes parents et qui influence ma vie soit annulée au nom de Jésus.

- Je révoque toute loi contre mon héritage volé par mes ennemis ; et que plus jamais rien ne me retiendra captif des mauvaises pensées de l'échec, ou de la maladie, au nom de Jésus.

- Je crois que je possède ma bénédiction, je crois qu'il y a un avis de recherche lancé pour moi, peu importe le lieu où je me trouve au nom de Jésus.

- Je viens déprogrammer les plans de Satan dans ma vie afin que tout ce que Dieu avait réservé pour moi arrive sur terre et soit accompli.

- Que tout esprit de non accomplissement dans ma vie soit brisé au nom de Jésus Christ.

- Merci Seigneur d'être avec moi, merci pour mon retour en force, et merci pour la gloire qui m'attend dans le précieux nom de Jésus Christ. Amen !

- Que le Dieu du ciel et de la terre vous comble de toute sorte de bénédiction en Jésus Christ.

Je pense que ce livre, après lecture, vous a été d'une grande source de bénédiction. Dans le cas où ces enseignements ont été une richesse pour vous et que vous voulez bien soutenir cette œuvre et notre ministère ou aider le leader de ce programme à atteindre le maximum de personnes avec ce message, par des croisades et des campagnes d'évangélisations ou encore vous souhaitez faire des suggestions, écrivez nous sans hésiter !

Ministère Internationale Jésus Christ Revient Bientôt

(Vision JCRB int)

« Assemblée Arche du Salut »

Apôtre LENDEMBE ESSIE

BP : 12335 LBV-Gabon

Tel : 0024107745049/0024106938916

E-mail : benimeld_power@yahoo.fr

Oui, je veux morebooks!

i want morebooks!

Buy your books fast and straightforward online - at one of world's fastest growing online book stores! Environmentally sound due to Print-on-Demand technologies.

Buy your books online at
www.get-morebooks.com

Achetez vos livres en ligne, vite et bien, sur l'une des librairies en ligne les plus performantes au monde!
En protégeant nos ressources et notre environnement grâce à l'impression à la demande.

La librairie en ligne pour acheter plus vite
www.morebooks.fr

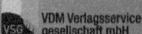
VDM Verlagsservicegesellschaft mbH
Heinrich-Böcking-Str. 6-8   Telefon: +49 681 3720 174   info@vdm-vsg.de
D - 66121 Saarbrücken   Telefax: +49 681 3720 1749   www.vdm-vsg.de

www.ingramcontent.com/pod-product-compliance
Lightning Source LLC
Chambersburg PA
CBHW031226170426
43191CB00030B/291